ICH DU WIR

Ethik Klasse 4

von Barbara Brüning

Militzke Verlag

Inhaltsverzeichnis

In diesem Buch findet ihr folgende Zeichen:

 **Aufgabe**

 **Spiel**

 **Frage**

Soll ich oder soll ich nicht?

Warum es wichtig ist, dass du dich mit Ethik beschäftigst

Ein kleiner Junge steht vor einem Geschäft und wickelt einen Lolly aus. Plötzlich blickt er sich ängstlich um und überlegt: Soll ich nun das Papier auf die Straße werfen oder nicht?
Sicherlich hast du so etwas auch schon einmal erlebt. Du wolltest gerade etwas machen. Auf einmal wusstest du nicht mehr, ob du das tun oder lieber lassen solltest. Denn manchmal ist es sehr schwer zu unterscheiden, was gut oder böse ist.

Vor mehr als 2000 Jahren lebte in Griechenland ein kluger Mann. Er hieß ARISTOTELES. Er dachte sein Leben lang darüber nach, wie Menschen handeln sollten, damit sie gute Menschen werden.
Darüber hat er ein berühmtes Buch geschrieben, das er seinem zehnjährigen Sohn Nikomachos widmete. Es enthält Gedanken über Gut und Böse, Glück, Freundschaft und Gerechtigkeit. Diese bezeichnen wir seitdem mit dem Wort „Ethik“.

Wir Menschen entwickeln während unseres Lebens viele Gedanken über Freundschaft, Glück und Gerechtigkeit. Gemeinsam mit Nikomachos, den wir Niko nennen wollen, wirst du darüber etwas in unserem Buch erfahren. Es soll dich auch anregen herauszufinden, wer du eigentlich bist. Natürlich nicht allein, sondern gemeinsam mit deinen Mitschülerinnen und Mitschülern wie auch mit deiner Lehrerin oder deinem Lehrer. Du kannst mit ihnen darüber sprechen, welches Bild sie sich von dir machen. Außerdem erfährst du, wie sich Menschen im Laufe der Zeit verändern und wie sie es regeln, gut miteinander auszukomm

Du wirst in unserem Buch auch einige Vorschläge finden, wie man zwischen guten und bösen Handlungen unterscheiden kann.
Viel wichtiger ist es aber, dass du dir eigene Gedanken darüber machst und sie in der Diskussion mit anderen verteidigst. Natürlich nicht mit der Faust, sondern mit guten Ideen! Probier's mal!

Wo wirfst du eigentlich das Papier hin, wenn du auf der Straße einen Lolly auswickelst?

1. Wer ich bin und was ich kann

1.1 Wenn ich in den Spiegel schau

Stell dir vor, du öffnest eines Morgens das Fenster. Plötzlich schaust du in einen ungewöhnlichen Spiegel, in dem alle Menschen so aussehen, wie sie gern möchten.
Erzähle deinem Nachbarn oder deiner Nachbarin, wie du in diesem Spiegel gern aussehen möchtest.

Aufgabe
Nimm jetzt einen Spiegel zur Hand und schau dir dein Gesicht aufmerksam an. Schließe danach die Augen. Öffne sie wieder und schau noch einmal in den Spiegel. Schreibe in dein Heft, was dir an deinem Gesicht gefällt und was nicht. Tausche das Heft mit deinem Nachbarn/deiner Nachbarin aus und frage ihn/sie, ob er/sie dich auch so sieht, wie du dich gesehen hast.

Das ist die Malerin PAULA BECKER-MODERSSOHN. Sie lebte zu Beginn unseres Jahrhunderts. In ihrem Selbstbildnis aus dem Jahre 1906 hat sie sich so gemalt, wie sie sich am liebsten sah. Beschreibe ihr Gesicht in deinem Heft. Was gefällt dir daran und was nicht? Begründe deine Meinung.

Beispiel
Mir gefallen Paulas große Augen, weil sie neugierig in die Welt blicken.

Nachdem du Paulas Gesicht beschrieben hast, male dich selbst. Wie siehst du dich? Legt eure Zeichnungen dann in einen Kreis und versucht, gegenseitig zu erraten, wer auf welcher Zeichnung abgebildet sein könnte.

Gesichts-Sprichwörter

„Ein freundliches Gesicht machen“

„Zwei Gesichter haben“

„Sein Gesicht wahren“

„Ein langes Gesicht machen“

„Ein offenes Gesicht haben“

„Kein Gesicht haben“

Fragen

Welches dieser Sprichwörter hast du schon einmal gehört? Von wem? In welcher Situation?

Aufgabe

Bildet kleine Gruppen in eurer Klasse und stellt diese Sprichwörter durch eine Pantomime dar. Erratet dann die jeweilige Pantomime und erklärt, was die Sprichwörter bedeuten.

Einige Gedanken über das Gesicht

Das Gesicht ist die Stelle des Körpers, wo die Seele sich zeigt und sich verkleidet. Man setzt eine undurchdringliche Miene auf und ... trägt dort seine geheimsten Gefühle zur Schau. Man schminkt sein Gesicht, um zu gefallen oder um die lauernden Blicke zu täuschen ... Jeder möchte sein eigenes Gesicht zähmen und bezaubern, es wie eine Waffe gebrauchen oder zu einer undurchdringlichen Oberfläche machen ...

Das sagte ALAIN FINKIELKRAUT, der in Paris, der Hauptstadt Frankreichs, lebt. Er hat viele Bücher geschrieben und lehrt an der Universität. Er denkt seit vielen Jahren darüber nach, wie die Menschen gut miteinander leben könnten.

Aufgabe

Lies den Text von ALAIN FINKIELKRAUT. Nimm jetzt dein Selbstbildnis zur Hand und schau dir dein Gesicht noch einmal an. Überlege, ob das, was Alain ganz allgemein über das Gesicht sagt, auch auf dein Gesicht zutrifft oder vielleicht auf PAULA BECKER-MODERSSOHNS Gesicht.

Verschiedene Blicke

Blickt euch gegenseitig an. Versucht, verschiedene Blicke zu zeigen:

- einen bezaubernden Blick
- einen täuschenden Blick
- einen undurchdringlichen Blick
- einen Blick als Waffe
- andere Blicke ...

Spielvorschlag: Gesichter malen

Nun habt ihr schon einige Erfahrungen mit Gesichtern gemacht, so dass ihr jetzt ein schwieriges Experiment wagen könnt. Wählt euch einen Mitschüler oder eine Mitschülerin aus, auf die ihr schon immer neugierig gewesen seid. Verteilt euch im Klassenzimmer und setzt euch einander gegenüber. Der Kleinere von euch schließt zuerst die Augen. Der Größere beginnt, das Gesicht seines Partners oder seiner Partnerin aufmerksam anzuschauen.

Bitte sprecht während dieses Experiments nicht.

Um das Gesicht deines Mitschülers oder deiner Mitschülerin genauer zu studieren, beginnst du mit den Fingern der rechten Hand von oben nach unten das Gesicht deines Partners oder deiner Partnerin „nachzuziehen", ohne ihn/sie zu berühren. Während du dies tust, achte bitte darauf, welche Partien des Gesichts deines Mitschülers oder deiner Mitschülerin besonders „hervorstechen". Ziehe zuerst diese Teile nach, ohne deinen Partner oder deine Partnerin mit den Fingerspitzen zu berühren. Dann konzentrierst du dich auf die weniger hervorstechenden Teile. Anschließend nimmst du langsam die Hand vom Gesicht weg. Jetzt öffnet der andere die Augen, und ihr tauscht die Rollen. Diese „Zeichenübung" sollte höchstens fünf Minuten dauern.

Im Anschluss daran erzählt ihr euch gegenseitig, welche eurer Gesichtspartien besonders interessant gewesen sind.

Du hast durch dieses Spiel etwas Neues/Interessantes über deinen Mitschüler oder deine Mitschülerin erfahren.

Fragen

Was gefiel dir am besten am Gesicht deines Partners oder deiner Partnerin? Konntest du auch etwas mit geschlossenen Augen sehen?

1.2 Unendlich viele Wünsche?

Ich möchte zum Mond fliegen.

Meine Eltern sollen mehr Zeit für mich haben.

Ich wünsche mir ein Mountainbike.

Fragen

Und du? Was würde passieren, wenn sich alle unsere Wünsche immer erfüllen ließen?

Diwali – ein Fest der Wünsche

In Indien wird einmal im Jahr das Diwali-Fest gefeiert. An diesem Tag kommen die Familien zusammen, um sich Geschenke zu machen. Geburtstagsfeste, so wie wir sie kennen, gibt es in Indien nicht.
An einem Diwali-Tag gehen viele Wünsche in Erfüllung. Dabei erleben die Familienmitglieder große Überraschungen, denn man fragt in Indien nicht: Was wünschst du dir zum Diwali?
Während des Jahres merken sich Bruder und Schwester oder Mutter und Vater die Wünsche, die jemand irgendwann einmal äußert. Am Diwali-Tag machen die Beschenkten dann große Augen, wenn jemand an ihren Wunsch gedacht hat.

Frauen und Kinder am Diwali-Morgen mit Opfergaben auf dem Weg zum Tempel

Frage
An welche Wünsche deiner Eltern würdest du in diesem Jahr denken?

1.3 Fröhlich und traurig

Aufgabe
Vielleicht kannst du erzählen, was dich froh und was dich traurig macht.

Gefühle wie Freude und Traurigkeit

Kannst du eigentlich Gefühle selbst hervorrufen, indem du an ein bestimmtes Gefühl, wie z. B. Angst, denkst? Probiere es einmal aus.
Welche Gefühle magst du besonders gern? Warum?
Kann man die Gefühle anderer Menschen immer verstehen?

Welche Gefühle sind auf den folgenden Bildern dargestellt?

Aufgabe

Welche der dargestellten Gefühle passen zu dir?
Schreibe sie in dein Heft und bilde Sätze nach dem folgenden Muster:

- Meine Wut ist so wuchtig wie ein Wirbelsturm …
- Vergleiche deine Gefühle mit dir bekannten Naturerscheinungen.

Schnuppi

Es war ein Tag wie jeder andere, als gegen 7 Uhr morgens mein Wecker klingelte. Ich sprang aus dem Bett, um mir wie gewöhnlich die Zähne zu putzen. Als ich vor dem Spiegel im Badezimmer stand, spürte ich, dass an diesem Tag doch etwas anders war als sonst. Aber was? Richtig – Schnuppi hatte mich noch nicht begrüßt! Jeden Morgen gegen 7 Uhr bellte er freudig, damit ich aufstehe. Heute hatte er nicht gebellt. Ich lief die Treppe hinunter in die Küche und entdeckte Schnuppi zusammengerollt in seinem Körbchen. Er blickte mich mit großen Augen an, wedelte kraftlos mit dem Schwanz und winselte nur.
„Mama, Schnuppi ist krank“, schrie ich aus voller Kehle. „Ich geh heute nicht zur Schule und bleibe bei ihm, er braucht mich!“
„Red keinen Unsinn“, antwortete Mutter ruhig, „du gehst in die Schule und ich geh mit ihm zum Tierarzt!“
In der Schule passte ich den ganzen Tag nicht auf und dachte nur an Schnuppi, meinen lieben Hund. Gegen 12 Uhr rannte ich nach Hause. Schnuppi lag in seinem Korb und blickte mich wie schon am Morgen mit großen Augen an.
„Er hat eine komplizierte Magenkrankheit“, begrüßte mich Mutter, „ich habe schon Medikamente in der Apotheke geholt. Die waren vielleicht teuer!“
„Ach, Schnuppi, was machst du nur“, seufzte ich und streichelte sein Fell. Ich saß den ganzen Nachmittag bei ihm und wich keinen Schritt von seiner Seite. Dies ging tagelang so, ich glaube sogar wochenlang. Schnuppi schluckte Tabletten, aber er wurde nicht richtig gesund. Jede Woche gingen wir mit ihm zum Tierarzt.

Eines Abends kam Vater in mein Zimmer und setzte sich zu mir aufs Bett. Er strich mir übers Haar, so wie ich Schnuppi immer übers Fell strich, und sagte vorsichtig, aber bestimmt: „Mutti und ich, wir haben gestern Nacht lange über Schnuppi nachgedacht. Glaub mir, wir haben's uns nicht leicht gemacht. Aber langsam geht uns das Geld aus. Die Medikamente verschlingen riesige Summen, wir können Schnuppis Krankheit einfach nicht mehr bezahlen. Leider gibt es keine Krankenkasse für Tiere! Schnuppi wird einfach nicht mehr richtig gesund werden, das hat uns auch der Tierarzt gesagt. Wir bringen ihn deshalb morgen ..." Seine Stimme stockte.
„Aber!" Ich biss mich auf die Lippen. „Das könnt ihr doch nicht machen, Papa! Schnuppi ist mein Freund. Er kennt alle meine Geheimnisse, meine Wünsche, meine Träume ... Er hält zu mir, was immer auch passiert!" Ich sprang auf und lief zu meinem Schreibtisch. Wo ist nur mein Sparbuch, dachte ich.
„Vielleicht könnte ich etwas dazu geben? Oder könnt ihr euch nicht Geld von Oma borgen?" fragte ich verzweifelt.
Papa ging wortlos aus dem Zimmer. Am nächsten Morgen bekam ich hohes Fieber. Als ich wieder gesund wurde, war Schnuppi nicht mehr da.

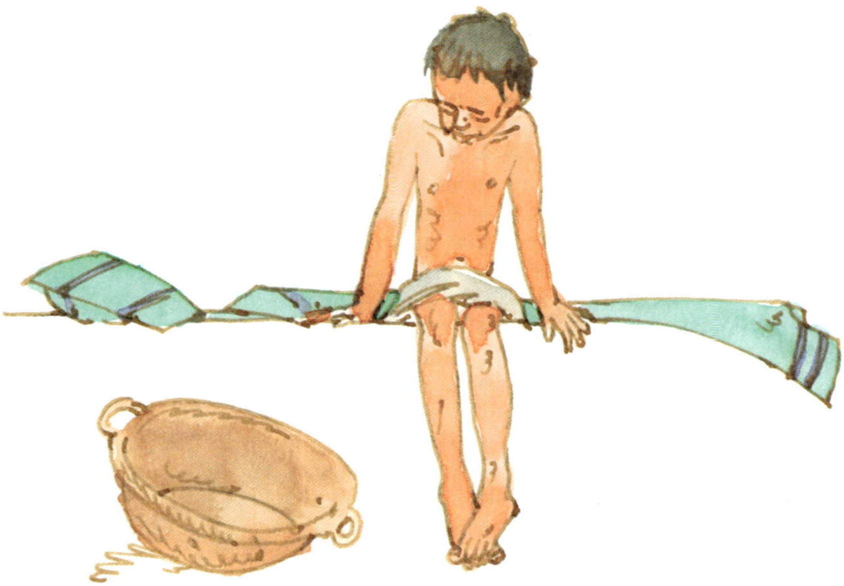

Fragen

Kannst du verstehen, dass Papa kein Geld mehr für Schnuppi ausgeben wollte?
Was hättest du gemacht, wenn Schnuppi dein Hund gewesen wäre?
Wie müsste die Geschichte mit einem fröhlichen Ende verlaufen?

1.4 Jeder kann etwas, keiner kann alles

Du bist du, und ich bin ich

2. Dieser will Erfolge haben,
jenem reicht ein hintrer Platz.
Mancher möcht nach Schätzen graben,
ein andrer hat schon seinen Schatz.
La la la la ...

3. Dieser bläst auf seiner Flöte,
jener immer Trübsal nur,
mancher hat stets tausend Nöte,
ein andrer ist 'ne Frohnatur.
La la la la ...

4. Diesen finde ich ganz toll,
jener ist ein alter Drachen.
Mancher tut nur, was er soll,
ein andrer macht verrückte Sachen.
La la la la ...

5. ...

?

Aufgabe
Dichte zusammen mit deiner Nachbarin oder deinem Nachbarn eine 5. Strophe. Jeder von euch denkt sich zwei Zeilen über seine Stärken und Schwächen aus, die ihr dann in einer Strophe zusammenfasst.

Draußen und drinnen

Wenn du dich in einem Spiegel betrachtest, dann siehst du äußere Eigenschaften. Siehst du auch, was in dir drinnen ist?
Versuche die folgenden Eigenschaften nach dem Schema „draußen und drinnen" zu ordnen. Gibt es auch Eigenschaften, die du nicht einordnen kannst?

Was der Computer nicht kann

Timm und Alex gehen in die vierte Klasse. Von den vielen Unterrichtsfächern lieben sie Mathematik an meisten. Es macht ihnen großen Spaß, mit Zahlen zu spielen. Deshalb gehen sie auch zweimal in der Woche in einen Computerkursus. Timm hat dort sogar schon ein kleines Programm geschrieben, mit dem das Tagesalter der Kinder ausgerechnet werden kann. Jemand sagt an einem bestimmten Tag sein Alter und der Computer rechnet sofort aus, wie viel Tage er dann alt ist. „Wenn ich doch bloß so schnell rechnen könnte wie der Computer!" seufzt Timm, als er mal wieder vor seinem Bildschirm sitzt.
Alex starrt gerade in die Luft. „Träumst du oder was?" fragt Timm. „Ja", antwortet Alex lachend, „und stell dir vor, das kann dein Computer nicht."

Frage
Was kannst du alles, was der Computer nicht kann?

Wenn Menschen zu hoch hinaus wollen

Im Alten Testament der Bibel findet ihr die Geschichte über den berühmten Turm von Babel.
Moses, der Führer des jüdischen Volkes, das vor 4000 Jahren aus Ägypten nach Israel floh, berichtete darüber, dass die Menschen in Babylon im Nahen Osten einen gewaltigen Turm bauen wollten. Er sollte bis zur Spitze des Himmels reichen. Dieses Vorhaben schien ihnen auch zu gelingen. Sie wollten sich damit einen Namen machen und bauten übermütig Tag und Nacht. Das wurde Gott zu viel. Er trieb die Menschen auseinander und stoppte den Bau.
Gott war der Meinung, dass die Menschen mit ihrem Turm zu hoch hinaus wollten. Was könnte damit gemeint sein?

Luftaufnahme von den Resten des Turmes von Babel

Turmbau zu Babel, Miniatur, 15. Jahrhundert

1.5 Ich möchte gesund bleiben

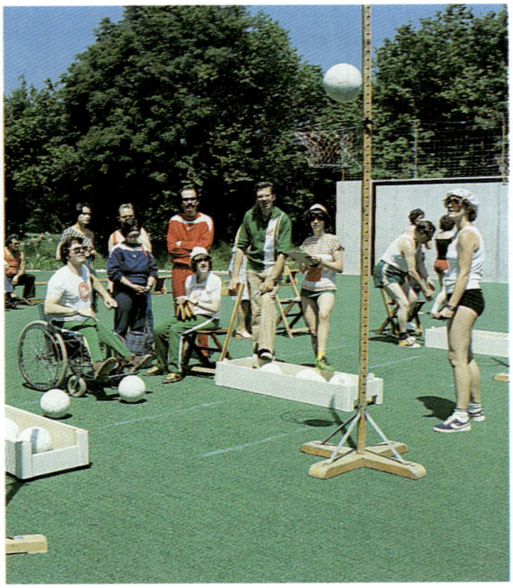

Suche für jedes Bild eine Unterschrift.

Erdbeereis und Erdbeermilch

Die größte Gemeinheit und Ungerechtigkeit waren aber die roten Juckpusteln. Die bekam Franz, wenn er Tomaten, Eier oder Erdbeeren aß.
„Das ist eine Allergie", erklärte die Mama dem Franz. „Das ist nicht weiter schlimm! Du darfst halt keine Erdbeeren und Eier und Tomaten essen."
Tomaten mochte der Franz ohnehin nicht. Auf Eier konnte er auch leicht verzichten. Aber Erdbeeren liebte der Franz über alles. Das Wasser lief ihm im Munde zusammen, wenn er bloß eine sah! Und wenn er Erdbeerduft in die Nase bekam, dann spürte er eine schreckliche Erdbeergier im Magen.
Einmal war der Franz beim Xandi zu einer Gartenparty eingeladen. Und es war gerade Erdbeerzeit. Die Mama vom Xandi hatte unter den Apfelbäumen ein riesiges Büffet hergerichtet. Auf einem langen Tisch standen große Platten.
Da gab es:
Erdbeertorte und
Erdbeerkuchen und
Erdbeereis und
Erdbeermilch und
Erdbeerquarkcreme und
Erdbeerstrudel und
Erdbeersaft und
Erdbeeren in Schokolade getunkt.

Christine Nöstlinger

Frage
Und was macht nun der Franz?

Was sagst du denn dazu?

Wenn ich die Zähne einmal am Tag putze, reicht das.

Ich gehe nur zum Zahnarzt, wenn ich Zahnschmerzen habe.

Lieber die Augen zusammenkneifen als eine Brille tragen!

Warum soll ich denn ein Pausenbrot mit in die Schule nehmen?

Warum soll ich mich nach dem Baden im Schwimmbad abtrocknen?

2. Freundschaft ist schön

Wir

Ich bin ich und du bist du.
Wenn ich rede, hörst du zu.
Wenn du sprichst, dann bin ich still,
weil ich dich verstehen will.
Wenn du fällst, helf' ich dir auf,
und du fängst mich, wenn ich lauf'.
Wenn du kickst, steh' ich im Tor,
pfeif' ich Angriff, schießt du vor.
Spielst du pong, dann spiel' ich ping,
und du trommelst, wenn ich sing'.
Allein kann keiner diese Sachen,
zusammen können wir viel machen.
Ich mit dir und du mit mir –
das sind wir.

IRMELA BRENDER

2.1 Wie Freunde sein sollen

Einige Eigenschaften:
- offen und ehrlich
- immer schick angezogen
- sportlich
- hilfsbereit
- lustig

Frage
Welche Eigenschaften sollte dein Freund oder deine Freundin unbedingt haben?

Wofür würdest du dich entscheiden?

Schreibe die Sätze mit denjenigen Eigenschaften, die auf deine Freunde zutreffen, in dein Heft und *überlege*, warum sie wichtig für dich sind. Diskutiert dann darüber in der Klasse.

Meine Freunde ...

1. dürfen mich nicht belügen
2. müssen immer Zeit für mich haben
3. müssen mir immer helfen, wenn ich sie brauche
4. müssen mit mir ins Kino gehen
5. dürfen niemals wütend werden
6. müssen mir immer zuhören, wenn ich ihnen etwas sagen will
7. müssen mir ihre Geheimnisse erzählen
8. sollen mich so lieben wie ihre Eltern
9. können niemals meine Lehrer sein, weil sie Zensuren geben
10. sollten die gleichen Hobbys haben wie ich
11. sollten lustig sein

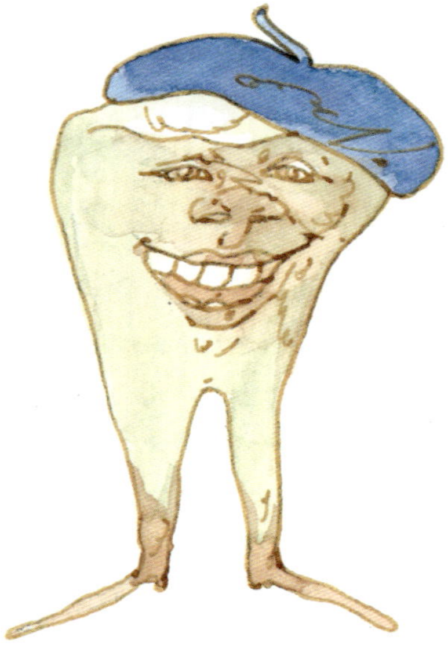

Lustiges Rätsel

Die besten Freunde, die wir haben,
sie kommen nur mit Schmerzen an,
und was sie für das Weh getan,
ist fast so groß wie ihre Gaben.
Und wenn sie wieder Abschied nehmen,
muss man zu Schmerzen sich bequemen.

Dieses Rätsel stammt von dem berühmten deutschen Dichter JOHANN WOLFGANG VON GOETHE. Falls du es nicht errätst, kannst du hinten im Anhang nachsehen.

Fragen

Sind die ... wirklich Freunde?
Kannst du dich noch daran erinnern, wie es dir erging, als sie mit Schmerzen ankamen?

2.2 Was ist Freundschaft?

Was würdest du antworten, wenn jemand von dir wissen wollte, was denn nun überhaupt Freundschaft ist? Eine kleine Hilfestellung gibt dir vielleicht der griechische Denker ARISTOTELES. Er hat in dem berühmten Buch für seinen Sohn Niko auch einige Gedanken über Freundschaft aufgeschrieben.

Dem jungen Menschen ist die Freundschaft eine Hilfe, damit er keine Fehler begeht. Dem alten Mann helfen Freunde, wenn er zu schwach ist, allein zu handeln. Erwachsene vollbringen eher eine gute Tat, wenn sie Freunde haben; denn „zwei miteinander" können zusammen besser denken und handeln.

Die Freundschaft ist aber nicht nur notwendig, sondern auch schön. Wir loben jene, die die Freundschaft schätzen, Reichtum an Freunden scheint zum Schönen zu gehören, und man meint auch, tugendhaft sein und Freund sein sei dasselbe.

Frage
Warum können „zwei miteinander" besser denken und handeln?

2.3 Mit Freunden teilen

Wer mit anderen teilt, wird selbst beschenkt

Das ist der zehnjährige Philipp aus Würzburg zwischen seinen Freunden aus Simbabwe in Afrika. Seine Klasse, die 4c, hat im letzten Jahr für eine Klasse der ZHAWARI-Schule in der Stadt Marange eine Patenschaft übernommen.
Philipp besuchte in den Sommerferien mit seinen Eltern Simbabwe. Er erzählte, dass das Getreide auf den Feldern in Simbabwe verdorrt, weil es sehr lange nicht geregnet hat. Die Familien können nichts ernten. Die Getreidespeicher bleiben leer. Weil sie nichts zu essen haben, sind manche Kinder zu schwach, den kilometerlangen Weg in die Schule zu laufen. Andere bekommen nur eine Mahlzeit am Tag und können vor Hunger nicht richtig lernen.
Philipps Klasse hat für die Kinder aus der ZHAWARI-Schule Geld gesammelt. Sie verkaufte auf einem Weihnachtsbasar selbst gebastelte Weihnachtsfiguren, um den Kindern in Marange helfen zu können.

Was würdest du vorschlagen, wie deine Klasse Kindern in anderen Ländern helfen kann?

Wir tun etwas gegen den Hunger von Kindern in Afrika, Asien und Lateinamerika

Kinderhilfswerk der Vereinten Nationen

Deutsche Welthungerhilfe

Brot für die Welt

Hilfsaktion der evangelischen Kirche

MISEREOR

Hilfsaktion der katholischen Kirche

3. Bei uns zu Hause

3.1 Mein – Dein – Unser

Zutaten für ein gutes Familienleben

Aufgabe
Zähle noch mehr Zutaten für ein gutes Familienleben auf.

Meine Verwandten

Auf unserem Bild ist die Familie von Robert dargestellt. Ein solches Bild heißt *Stammbaum*.

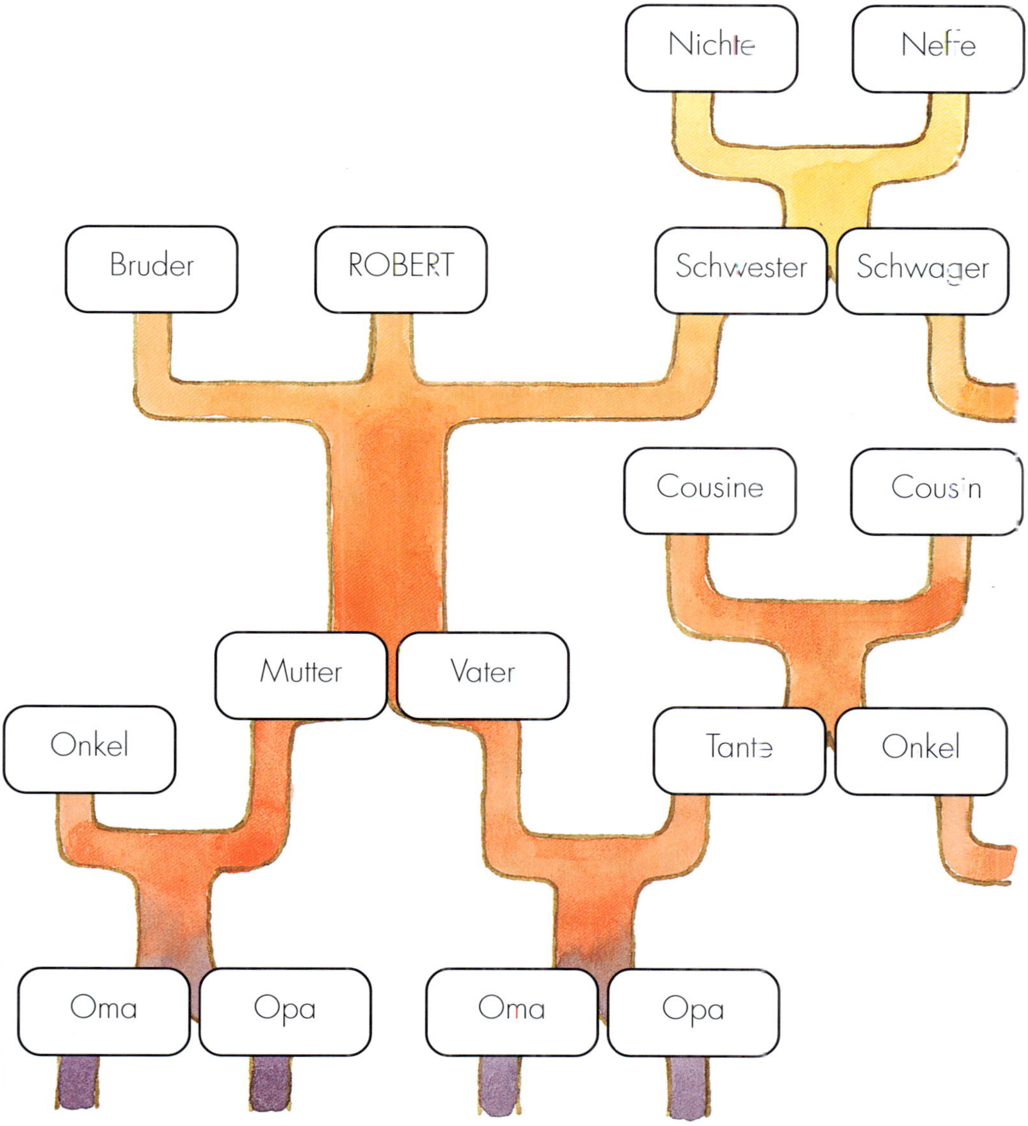

Aufgabe

Zeichne einen Stammbaum mit den Namen deiner Verwandten in dein Heft.

Meine Geschwister

Teilen

Als meine Oma uns einmal besuchte, brachte sie Orangen mit; mir gab sie drei Orangen, meinem Bruder aber nur zwei. Er ging in sein Zimmer und weinte. Ich gab aber nicht nach, sondern aß genussvoll meine drei Orangen.
Auch beim nächsten Besuch brachte Oma mir drei und meinem Bruder nur zwei Orangen mit. Diesmal wollte ich ihm eine abgeben, er tat aber, als würde er es nicht bemerken. Ich legte ihm die Orange auf den Tisch und ging wieder hinaus.
Als ich später nachschaute, war die Orange fort. Mein Bruder lag auf dem Boden und spielte mit seinen Autos. Auf dem Tisch aber fand ich einen Zettel, auf dem „Danke" stand.
„Bitte", sagte ich zu ihm. – Seitdem teilen wir alles, was wir bekommen. Unter einer glücklichen Familie stelle ich mir vor, dass man miteinander teilt und Rücksicht aufeinander nimmt.

MARTINA, 11 Jahre

3.2 Ich hätte gern einen Opa

Berra und ich schaukelten auf unserer selbst gebauten Wippe und ich erzählte, dass ich bei meinem Opa eingeladen sei. Zum Tortenessen. Weil er Geburtstag habe. „Und dann krieg ich ein kleines Geschenk", sagte ich.

„Du kriegst ein kleines Geschenk, weil dein Opa Geburtstag hat?" fragte Berra erstaunt. „Ja", sagte ich. „Und ich kriege jedesmal, wenn ich ihn besuche, ein kleines Geschenk."

„Menschenskind! Der ist wohl sehr lieb, was?" fragte Berra. „Ja." Ich nickte. „Und ich schenke ihm heute eine große Zigarre."

Da guckte Berra sehnsüchtig zu den Wolken hinauf. „Ich hätte auch gern einen Opa", murmelte er. „Was machen Opas eigentlich?"

„Also, sie laden einen zum Kaffee ein", sagte ich. „Und dann essen sie Schweinshaxen."

„Jetzt willst du mich aber reinlegen, was!" sagte Berra.

„Nein, das stimmt", versicherte ich. „Schweinshaxen in Gelee. Und manchmal gehen sie mit einem zum Angeln an einen See."

„Warum hab ich keinen Opa?" fragte Berra.

„Weiß ich nicht", antwortete ich. „Aber ich weiß, wo du einen finden kannst."

ULF STARK

Aufgabe:
Wenn du wissen willst, wo Berra einen Opa finden kann, lies im Buch „Kannst du pfeifen, Johanna" von ULF STARK nach.

3.3 Wenn es bei uns Streit gibt

Pelle zieht aus

Pelle ist böse, ja, er ist derartig böse, dass er beschlossen hat, von zu Hause wegzuziehen. Man kann einfach nicht weiter bei einer Familie wohnen, wo man so behandelt wird.
Das war heute Morgen, als Papa ins Büro gehen wollte und seinen Füllfederhalter nicht finden konnte.
„Pelle, hast du schon wieder meinen Füllfederhalter genommen?“ fragte Papa und packte Pelle hart am Arm. Pelle hatte Papas Füller schon oft ausgeliehen. Aber nicht heute. Heute steckte der Füller in Papas brauner Jacke, die im Schrank hing. Pelle war vollkommen unschuldig. Und Papa, der ihn so hart am Arm gepackt hatte. Und Mama? Sie hielt natürlich zu Papa. Das muss jetzt ein Ende haben! Pelle will ausziehen. Aber wohin?

Astrid Lindgren

Aufgabe
Erzähle, wie du dich in einer solchen Situation verhalten würdest.

Gute Gründe gegen das Ausziehen

Kinder können nicht allein leben, denn sie verdienen kein Geld.

Kinder können nicht allein Essen kochen und Wäsche waschen.

Kinder können morgens nicht allein aufstehen und zur Schule gehen.

Kinder brauchen jemanden, der sie lieb hat und tröstet, wenn sie krank sind.

Aufgabe
Sucht weitere Gründe gegen das Ausziehen und sprecht darüber in der Klasse.

3.4 Worüber ich entscheiden möchte

Probleme mit dem Taschengeld

Ole bekommt jeden Monat sechs Euro Taschengeld. Gleich am ersten Tag jeden Monats wartet er ungeduldig auf die Markstücke, denn er darf mit seinem Geld machen, was er will. Er hat sich ein großes Sparschwein gekauft, in das er oftmals einzelne Markstücke hineinsteckt. Irgendwann möchte er ein richtig großes Geschenk kaufen.
Am liebsten jedoch nascht er Himbeerbonbons. Mama hat deshalb mit ihm geschimpft. Eines Tages hat sie zu ihm gesagt, dass er jetzt nicht mehr über sein Taschengeld bestimmen darf, weil er immer so viele Süßigkeiten isst.
Ole findet Mamas Entscheidung ungerecht. Schließlich kann er sich von seinem Geld kaufen, was er will!

Aufgabe
Male hierzu eine Bildgeschichte und denk dir eine Lösung aus.

Die Reise nach Phantasia-Land

Ich möchte entscheiden ...

Frage
Stell dir vor, du fliegst mit einem Ballon nach Phantasia-Land. Dort dürfen alle Kinder über ihre Probleme selbst entscheiden. Aber sie dürfen nur zwei Entscheidungen mitbringen. Welche würdest du mitnehmen?

3.5 Lieblingsbeschäftigung: Fernsehen?

Stell dir vor, du führst als Reporterin oder Reporter ein Streitgespräch mit Kindern und Eltern einer vierten Klasse. Sie äußern verschiedene Ansichten über das Fernsehen. Deine Aufgabe ist es nun, ihnen zu ihren Meinungen eine Frage zu stellen, die sie zum Nachdenken bringt. Schreibe je zwei Ansichten der Eltern und der Kinder in dein Heft und stelle ihnen schriftlich eine Frage dazu. Sprecht anschließend in der Klasse darüber.

So eine Gemeinheit

Frau Peters arbeitet an drei Tagen in der Woche in einer Buchhandlung. Ihre Kinder Sebastian und Bettina bleiben dann allein zu Hause. Sobald die Mutter die Wohnung verlassen hat, laufen sie vergnügt ins Wohnzimmer und stellen die Glotze an.

„Endlich fernsehen, solange ich will, und keiner meckert", frohlockt Sebastian und kuschelt sich in einen großen Wohnzimmersessel. Er nimmt für alle Fälle immer gleich ein kleines Kissen mit in den Sessel, damit er sein Gesicht darin verstecken kann, wenn es gruselig wird.

An einem Freitagnachmittag, als die Sonne zum Spielen im Freien einlädt, kuschelt sich Sebastian wieder in den Sessel, drückt auf die Fernbedienung, aber das Fernsehgerät schaltet sich nicht ein. Wütend springt er auf und sieht nach, ob der Stecker richtig in der Steckdose ist. Er dreht an den verschiedenen Knöpfen hin und her, aber der Fernseher bleibt stumm. Plötzlich findet er neben dem Hauptkabel einen Zettel mit Mutters Handschrift. „Ab heute hat der Fernseher, wenn draußen die Sonne scheint, keine Lust, eingeschaltet zu werden. Liebe Grüße, eure Mutti." „So eine Gemeinheit!" schimpft Sebastian und schlägt die Tür hinter sich zu.

Aufgabe
Überlege dir, wie die Geschichte weitergehen könnte.

Einmal Programmdirektor sein

Für einen halben Tag schlüpft ihr in die Rolle des Programmdirektors eines Fernsehsenders. Bildet dazu kleine Gruppen. Stellt ein Nachmittagsprogramm für die ganze Familie zusammen. Sprecht anschließend über die verschiedenen Programmvorschläge in der Klasse.

Eine Geschichte über Außerirdische

Susanne saß vorm Fernseher und guckte mal wieder „Alf". „Siehst du schon wieder die Geschichte von dem komischen Außerirdischen, der da irgendwo in Amerika herumgeistert?" fragte die Großmutter und nahm ihre Brille von der Nase. „Deine Mutter hat gesagt, ich soll aufpassen, dass du nicht immer solche schrecklichen Sachen im Fernsehen guckst. Also, dieser Weltraum-Heini, der geht ja noch. Nur dieses blöde Lachen im Hintergrund stört mich!"
Susanne hörte überhaupt nicht zu, sondern freute sich, dass Alf schon wieder die Nachbarn der Familie Tanner an der Nase herumführte. Was der so alles anstellt, dachte sie sich.
Nach dem Fernsehen trank sie eine Tasse Kakao mit Oma und ging dann in ihr Zimmer, um Hausaufgaben zu machen. Sie sollte für den Zeichenunterricht eine ganz verrückte Person malen. Langsam nahm sie ihre Stifte zur Hand und begann herumzukritzeln.

Am nächsten Tag ging Frau Olsen, ihre Lehrerin, durch die Bankreihen und betrachtete interessiert die Zeichnungen der Kinder. „Oh, was hast du denn für tolle Menschen gemalt“, sagte sie anerkennend zu Susanne, „aber sie sehen ja ein bisschen aus wie Alf!“
„Gucken Sie das auch im Fernsehen?“ fragte Susannes Nachbar ganz aufgeregt und blickte neugierig auf die Zeichnung. „Eigentlich sollten wir ja Menschen malen“, meinte er kritisch, „und keine kleinen Alfs!“
„Ist Alf denn kein Mensch?“ fragte Frau Olsen erstaunt.
„Nö“, antwortete Sascha, „er kann zwar reden wie ein Mensch, aber er sieht nicht so aus. Und außerdem hat er einen komischen Humor!“ Susanne blickte auf ihr Blatt, kratzte sich an der Nase und sagte dann zu Sascha: „Ich habe ja auch nicht Alf gemalt, sondern die Chmuren.“
„Was sind denn bitte Chmuren?“ wollte Sascha wissen.
„Chmuren sind Außerirdische von einem anderen Planeten. Sie sehen zwar so aus wie Menschen, können auch reden und denken, aber nicht lachen und weinen.“
„Komische Menschen“, murmelte eine andere Mitschülerin.
„Sie sind keine Menschen“, verteidigte Susanne ihre Chmuren.

Fragen
Was meinst du dazu? Sind die Chmuren Menschen?
Wie stellst du dir die Chmuren vor? Bastle sie als Pappfiguren.

3.6 Spielen und Arbeiten

Papa kommt, Mama geht

Ole und Nina haben Glück, dass sie nie ganz allein zu Hause sind. Morgens deckt Mama immer den Frühstückstisch, dann ist Papa längst zur Arbeit auf das Postamt gegangen. Wenn er mittags nach Hause kommt, essen sie zusammen; und dann räumen Ole und Nina mit Papa das Geschirr in den Geschirrspüler. Mama zieht sich inzwischen schon den Mantel an, denn sie arbeitet nachmittags in einer Bäckerei. Kurz nachdem sie „tschüs" gesagt hat, möchte sich Papa etwas ausruhen. Aber manchmal machen Ole und Nina beim Spielen einen solchen Lärm, dass er nicht schlafen kann. Dann schimpft er auch mal und Ole ist traurig, dass Mama nachmittags nie da ist.
Ingas Mutti ist immer zu Hause und hat mehr Zeit, mit Inga zu spielen. „Ich möchte nie zur Arbeit gehen", sagt Ole zu Nina, „weil ich dann nicht mehr so laut und so lange spielen kann, wie ich will."
„Weil Mama arbeitet, können wir jedes Jahr Urlaub machen", antwortet Nina ihrem kleinen Bruder. „Und außerdem arbeitet Mama gern in der Bäckerei. Ihr Vater war auch Bäcker, sie ist schon mit Brötchen aufgewachsen." Richtig stolz fügt sie hinzu: „Und außerdem macht sie die beste Torte in der Stadt. Das hat auch Ingas Mutti gesagt."

Aufgabe
Du kannst bestimmt auch etwas Interessantes über die Arbeit deines Vaters oder deiner Mutter erzählen.

Traumberufe?

Lisa möchte einmal am Computer arbeiten und Udo über den Atlantik fliegen ...

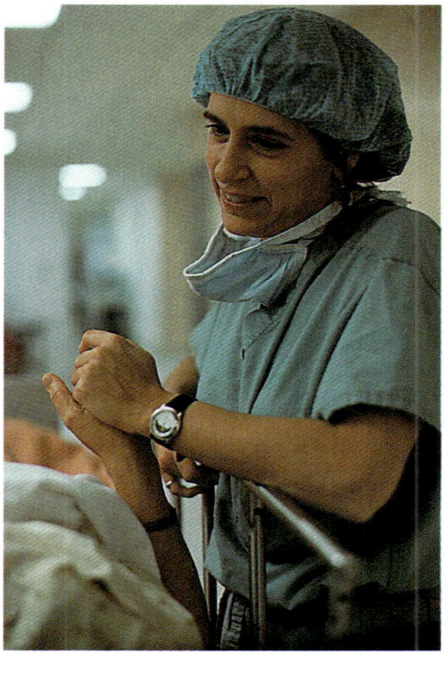

Fragen
Hast du auch einen Traumberuf? Was ist überhaupt ein Traumberuf?

4. Wenn wir in der Schule sind

4.1 Wie ist denn der Neue?

Aufgabe:
Ein Neuer kommt in die Klasse … Spielt das nach.

Der Spinner

Leopold hatte von Anfang an Pech im Leben. Die meisten Kinder lachten über seinen Namen und nannten ihn einen Zwerg, weil er so kurz geraten war. Während andere Kinder auf dem Spielplatz mit der Wasserpistole herumspritzten, saß er zu Hause und streichelte seine Geige. Sie war sein bester Freund. Er vertraute ihr alle seine Geheimnisse an und ließ sie nachts neben seinem Bett schlafen. Im Traum schwebten beide des öfteren über den Häusern von Traum-Stadt und spielten ein Stück von Vivaldi, einem italienischen Komponisten und Geigenlehrer.

„Ach, da kommt ja wieder der Spinner", sagte eines Tages ein pausbäckiger, etwas rundlicher Nachbarsjunge, als Leopold mit seiner Geige gerade zur Musikschule ging. „Gibt's heute wieder ein Zwergenkonzert?"

„Hört auf, ihn zu ärgern", mischte sich ein Mädchen ein, „er mag nun mal nicht die ‚Prinzen', sondern seinen Vivaldi!"

„Er ist eben kein richtiger Junge", krächzte ein anderer und versuchte, Leopold die Geige wegzureißen. Leopold blieb stehen. Er holte tief Luft, biss sich auf die Lippen und sagte fast flehend: „Mich könnt ihr ja verhauen, aber nicht meine Geige! Sie gibt kostbare Töne von sich und muss sorgfältig behandelt werden! Bei mir ist das nicht so schlimm, also, meine Hände, die brauch' ich noch."

Der pausbäckige, etwas rundliche Junge grinste: „Hab ich's doch gesagt, er ist ein Spinner!"

Fragen

Ist Leopold ein Spinner? Begründe deine Meinung
Welche andere Überschrift würdest du der Geschichte geben?

Das Bild, das du neben der Geschichte siehst, stammt von dem russischen Maler MARC CHAGALL aus dem Jahr 1911/12. Es trägt den Titel „Der Geiger". Ein junger Mann spielt in einer märchenhaft verwandelten Alltagswelt Geige. Könnte es Leopold sein? Warum hat der Musikant ein grünes Gesicht?

Nachgedacht

Wie kommt es eigentlich, dass man einige Menschen mag und andere nicht? Magst du lieber Menschen, die dir ähnlich sind, oder solche, die ganz anders sind als du?
Sprich mit deinen Mitschülerinnen und Mitschülern darüber, wie ihr damit umgehen wollt, wenn jemand „ganz anders" ist.

Verdreht

Es war einmal ein Mädchen klein,
das wollt' so gern ein Junge sein,
drum zog es sich nur Hosen an
und dachte, nun bin ich ein Mann!

Es schnitt das Haar sich kurzerhand,
damit als Bub es ward verkannt,
senkt' seine Stimme, tief wie'n Bass:
„Ich bin ein Junge, welch ein Spaß!

Jetzt kann ich stark sein wie ein Bär,
und bald verhaut mich keiner mehr!
Ich muss auch nicht mit Puppen spiel'n,
und brav nach Schleif' und Schürzen schiel'n!

So wie man's oft in Büchern sieht,
der Junge wild, das Mädchen lieb,
und weil ich das nicht leiden kann,
zieh' ich mir Jungensachen an!"

Doch eines Tags fragt' Mutter dann:
„Warum spielst du denn einen Mann?
Du brauchst doch grad als Mädchen Mut,
sich zu verstell'n, ist niemals gut!"

Fragen
Warum will das Mädchen unbedingt ein Junge sein?
Brauchen Mädchen besonderen Mut?

Spielvorschlag: Ärger wegschieben

Sucht euch jetzt einen Mitschüler oder eine Mitschülerin aus, mit denen ihr in der letzten Zeit Streit hattet. Verteilt euch paarweise im Klassenraum und schiebt die Tische etwas zur Seite. Legt dann die Handflächen in Brusthöhe gegeneinander und verhakt eure Finger mit denen des Partners oder der Partnerin. Stellt euch dann vor, ihr seid eine Gasflasche, in der Sauerstoff unter hohem Druck zusammengepresst worden ist.

Versucht nun euren Partner oder eure Partnerin mit aller Kraft wegzuschieben. Ihr habt eine Minute Zeit …
Setzt euch danach auf den Fußboden und redet fünf Minuten über eure Gefühle.

Fragen

Welche Gefühle konntest du durch dieses Spiel ausdrücken?
Hast du deine Wut über den anderen etwas „abgebaut"?

4.2 Wir helfen denen aus der „Ersten"

Überlege dir, wie du helfen kannst.

4.3 Lügen haben kurze Beine

Eine Lügengeschichte?

„Nele", sagte Frau Braun, „schon dreimal habe ich gesagt, dass du deine Hausaufgaben bei mir abgeben sollst! Wo bist du mit deinen Gedanken? Und wo sind deine Hausaufgaben? Hast du sie am Ende nicht erledigt?"
„Leider konnte ich das nicht", antwortete Nele. „Und warum nicht?" fragte Frau Braun.
„Weil sie sich nicht erledigen lassen wollten", klärte Nele sie auf. „Und sie wollten auch nicht gemacht werden! Sie wollten nämlich selbst etwas machen."
„Was wollten sie?" fragte Frau Braun ganz verblüfft.
„Einen Ausflug machen", antwortete Nele. „Und das taten sie auch!"
„Wie interessant", sagte Frau Braun. „Deine Eltern werden sich sicher wundern, wenn ich ihnen das erzähle."
„Das glaube ich auch", meinte Nele. „Meine Eltern wissen nämlich noch nicht, dass meine Hausaufgaben gestern ausgerissen sind. Ich versuchte noch, sie mit Opas altem Schmetterlingsnetz einzufangen, als sie im Zimmer von Ecke zu Ecke hüpften.
Und dann –"

FRIEDRUN REICHENSTETTER

Aufgabe
Gestaltet ein Rollenspiel zu dieser Geschichte und überlegt euch einen Schluss. Anschließend könnt ihr euren Schluss mit dem von FRIEDRUN REICHENSTETTER vergleichen, wenn ihr die Geschichte im Buch „Nele macht Hausaufgaben" zu Ende lest.

Wer einmal lügt, dem glaubt man nicht,
und wenn er auch die Wahrheit spricht.

Lügen und Lawinen
wachsen immer.

Das Herz lügt nicht.

Lügen haben
kurze Beine.

Eine halbe Wahrheit ist
auch eine halbe Lüge.

Das ist der Lügenbaron Münchhausen. Ist er dir schon einmal begegnet?

Aufgabe

Wähle ein Sprichwort aus und male ein Bild dazu.
Welches Sprichwort verstehst du nicht? Diskutiert über die Sprichwörter in der Klasse.

4.4 Aufeinander zugehen

Du und ich

Du bist anders als ich,
ich bin anders als du.
Gehen wir
aufeinander zu,
schauen uns an,
erzählen uns dann,
was du gut kannst,
was ich nicht kann,
was ich so treibe,
was du so machst,
worüber du weinst,
worüber du lachst,
ob du Angst spürst bei Nacht,
welche Sorgen ich trag,
welche Wünsche du hast,
welche Farben ich mag,
was traurig mich stimmt,
was Freude mir bringt,
wie wer was bei euch kocht,
wer was wie bei uns singt …
Und plötzlich erkennen wir
– waren wir blind? –
dass wir innen uns
äußerst ähnlich sind.

KARLHANS FRANK

Buon giorno, Bianca*

„Mutti, Mutti", schallt es durch die Wohnung. Silke ist soeben aus der Schule gekommen und ruft bereits im Flur nach der Mutter.

„Ja-a", kommt es aus der Küche.

Schnell wirft Silke ihre Schultasche in eine Ecke und rast in die Küche. „Mutti, stell dir vor", sprudelt es aus ihr heraus, „heute ist ein neues Mädchen in meine Klasse gekommen. Bianca heißt sie. Sie ist ganz altmodisch angezogen. Und sie versteht überhaupt kein Deutsch. Sie saß nur immer an ihrem Platz und starrte vor sich hin. Und manchmal guckte sie uns von der Seite an. Ich glaub', die ist ganz doof. Die wird nicht lange in unserer Klasse bleiben."

Silke machte eine Atempause. Dann fährt sie fort: „Und weißt du, in der Pause, da haben wir Gummitwist gespielt. Meinst du, das hätte sie gekonnt? Überhaupt nicht. Und sie hat es gar nicht erst versucht. Dafür hat sie geheult. Ja, richtig geheult hat sie. Und dann ist die Lehrerin gekommen und hat mit ihr auf italienisch geredet."

Silke schweigt. Gespannt schaut sie ihre Mutter an, die noch kein Wort zu Silkes Bericht gesagt hat, sondern weiter Kartoffeln schält. Doch Silke dauert es schon wieder zu lange. Ungeduldig fragt sie: „Mutti, findest du Bianca nicht auch doof?"

„Silke, weißt du, was ich gerade gedacht habe? Du könntest Bianca doch einmal mitbringen", antwortete die Mutter, ohne mit der Arbeit aufzuhören. „Ich würde das Mädchen gern einmal kennen lernen. Dann kann ich dir sagen, wie ich Bianca finde." Jetzt schaut die Mutter von ihrer Arbeit auf und betrachtet Silke. „Was meinst du, Silke?" fragt sie. „Geht das?"

Silke schaut zu Boden. Ein Weilchen sagt sie nichts, doch dann antwortet sie zögernd: „Ich weiß nicht, Mutti. Was soll ich denn zu ihr sagen? Sie versteht doch überhaupt kein Deutsch."

IRINA KORSCHUNOW

* „Guten Tag" auf italienisch

4.5 Kinder aus anderen Ländern
Woran sie glauben und was sie feiern

Sarah kommt aus Jerusalem in Israel. Ihre Religion ist das Judentum, das fast 4000 Jahre alt ist. Sie glaubt an Gott. Am liebsten feiert sie das Passahfest. Es erinnert daran, wie Gott das jüdische Volk aus der Sklaverei in Ägypten herausgeführt hat.

Madeleine kommt aus Paris in Frankreich. Ihre Religion ist das Christentum. Sie ist katholisch. Sie glaubt an Gott und interessiert sich für Jesus, Gottes Sohn. Besonders freut sie sich auf die Firmung, die sie in ihrem Glauben stärken wird.

Ahmed kommt aus Izmir in der Türkei. Er ist Muslim und glaubt an Allah. Seine Religion ist der Islam. Allah hat den Muslimen Mohammed geschickt, der in Mekka in Arabien geboren wurde. Besonders gern feiert Ahmed Bayram am Ende des Fastenmonats Ramadan. Er liest auch schon im Koran.

Mitsuko lebt in Tokio in Japan. Ihre Religion ist der Buddhismus. Die Buddhisten ehren Buddha, den Erwachten. Er lehrte die Menschen ein Leben ohne Gewalt und in Frieden zu führen. Am 8. April wird Buddhas Geburtstag gefeiert und seine Statue mit Blumen geschmückt.

Karel lebt in Amsterdam. Seine Religion ist das Christentum. Er ist evangelisch und glaubt an Gott. Besonders viel weiß er von Martin Luther, der die evangelische Kirche mitbegründet hat. Luther übersetzte auch die Bibel, das Buch der Christen, ins Deutsche. Bald feiert Karel seine Konfirmation und bereitet sich in seiner Gemeinde darauf vor.

Irina kommt aus Sankt Petersburg. Ihre Religion ist das Christentum. Sie ist russisch-orthodox und glaubt an Gott. Irina freut sich auf die Taufe ihrer kleinen Schwester. Durch die Taufe wird Irinas Schwester in die Gemeinschaft der Christen aufgenommen. Mit vielen Liedern feiern die orthodoxen Christen besonders das Osterfest, die Auferstehung von Jesus.

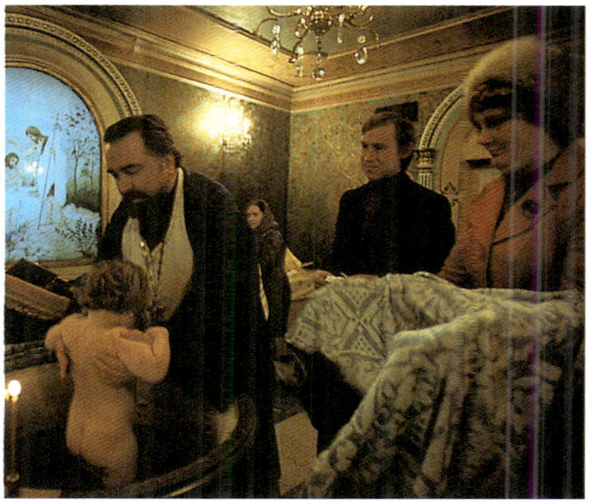

Bayram – ein Fest zum Ende von Ramadan

Seit einem halben Jahr wohnt eine türkische Familie in unserem Haus. Sie sind Muslime. Sie glauben an Gott (auf arabisch: Allah) und leben nach den Lehren des Propheten Mohammed. Sie haben zwei Kinder. Der Junge heißt Halit, das Mädchen Meryem. Wir haben uns schon etwas mit ihnen angefreundet. Am Weihnachtsabend hatten wir sie zu uns eingeladen. Später wurden wir von ihnen zum Bayram am Ende von Ramadan eingeladen.
Bayram? Ramadan? Das klang komisch: Davon hatten wir nie gehört. Wahrscheinlich ist das für uns genauso komisch wie Weihnachten für die Muslime. Halit erklärte es uns: „Wir Muslime fasten einmal im Jahr. Dann essen und trinken wir gar nichts. Einen Monat lang. Dieser Monat heißt Ramadan."
Wir konnten uns das gar nicht vorstellen. „Einen ganzen Monat lang? Muss man da nicht verhungern?" Halit lachte: „Ist nicht so schlimm. In der Nacht dürfen wir essen. Nur am Tag nicht!"
„Musst du auch fasten, Halit?" wollte meine Schwester wissen. „Ich nicht", sagte er, „nicht die Kinder, auch nicht alte oder kranke Leute und nicht Leute auf einer Reise!"
„Und wenn der Monat zu Ende ist?" fragte ich. „Dann ist Bayram", sagte Halit, „Bayram ist das türkische Wort für Fest. Wir feiern das Ende des Fastenmonats."
„Und wie feiert ihr?" Halit machte ein geheimnisvolles Gesicht: „Das verrate ich nicht!"
Dann war es soweit. Zu Hause waren schon viele Verwandte und Freunde versammelt. Sie umarmten sich, wünschten sich Glück und beschenkten sich mit kleinen Aufmerksamkeiten. Bald darauf setzten wir uns an einen Tisch, und Halits Mutter trug auf einer schönen Platte einen prächtigen Hammelbraten herein. Wir ließen ihn uns schmecken.
Dann erinnerte der Vater an die alte Sitte, an diesem Festtag armen Familien eine Freude zu machen. Halit erklärte es mir. Es wurden Päckchen gepackt und von einigen Männern zu türkischen Landsleuten gebracht.
Immer mehr Freunde und Bekannte kamen und gingen. Auch unsere Eltern wurden eingeladen. Es wurde gesungen, gelacht und getanzt.

Nach UDO KELCH

Aufgabe
Vergleiche das Fest am Ende des Fastenmonats Ramadan mit dem Weihnachtsfest.

Rettung aus der Not – das jüdische Passahfest

Jedes Jahr feiern die Juden, die in der Bibel auch Israeliten genannt werden, das Passahfest. Dann essen sie hartes Brot, das ohne Hefe gebacken wird und deshalb auch nicht aufgehen kann. Es heißt bei ihnen Matzen.
Vor dem Backen muss alle Hefe aus dem Haus verschwinden. Überall wird nachgeschaut, ob auch kein Hefestückchen vergessen wurde, und sei es noch so klein. Denn es darf auf keinen Fall Hefe im Haus sein.
Das Brot soll so hart gebacken werden, dass man es kaum beißen kann. Wenn man das Brot isst, soll es weh tun.
Jetzt wirst du fragen, warum die Juden so etwas tun. Sie wollen damit an eine lange zurückliegende Zeit ihres Volkes erinnern. Damals lebten sie in Ägypten in der Gefangenschaft. Sie mussten schwere Arbeit auf den Feldern und beim Bau von Städten leisten.
Gott hat dann das jüdische Volk durch Moses aus Ägypten herausgeführt. Daran erinnert das Passahfest, das bis heute ein großes Fest der Freude ist.

5. Wir und die Zeit

Woher wissen die Menschen eigentlich,
daß die Uhren immer richtig gehen?

Frederick, 10 Jahre

Mit dem Himmel ist es wie mit der Zeit –
er ist unendlich.

Janicka, 11 Jahre

Die Maus Frederick sollte nicht Sonnenstrahlen sammeln,
sondern die Zeit.

Jan, 10 Jahre

Aber irgendwann muß die Zeit doch aufhören?

Kolja, 9 Jahre

Vielleicht gibt es ja in Zukunft eine Maschine, die verhindert,
daß die Menschen älter werden.

Tina, 9 Jahre

Wenn ich mir etwas wünschen könnte,
dann würde ich mir mehr Zeit für meine Eltern wünschen.

Anja 10 Jahre

Manchmal ist ein Augenblick so lang wie ein ganzer Tag.

Nina, 10 Jahre

Aufgabe

Über welche Aussprüche dieser Kinder hast du auch schon einmal nachgedacht? Wähle eine dieser Äußerungen aus und male etwas dazu in dein Heft.

5.1 Alles hat einen Anfang und ein Ende

Die Bestimmung der Zeit

Obwohl ich mir abgewöhnte, eine Uhr herumzutragen
(Mir sind schon zu viele kaputtgegangen)
Hören die Leute nicht auf, mich zu fragen
Wie spät es sei.

Da ziehe ich einen Würfel und kein Nürnberger Ei.
Den lasse ich fallen und sage zum Beispiel:
Wie Sie sehen, ist es gerade um drei
Mitteleuropäischer Zeit.

Die Höflichen bedanken sich
Aber die Spitzfindigen sind nicht immer bereit,
Mir zu glauben, denn ein Würfel könne nur aufrunden
Und versage mit seinen sechs Augen bei vierundzwanzig Stunden.

Wird mir das zu dumm, diskutier ich nicht viel.
Ein empfindsamer Mensch hat die Zeit im Gefühl.

Doch tun mir welche wirklich leid
Erkläre ich denen idiotensicher und breit
Die genaue Bestimmung der mitteleuropäischen Zeit:

Sie würfeln viermal zur Ermittlung der vollen Stunden
Ein zehnmaliges Würfeln ergibt die Minuten
Und ein zehnmaliges Würfeln zum Schluss die Sekunden.

Aber nur, wenn Sie es sehr eilig haben
Mehr kann ich Ihnen nun nicht verraten.

Worterklärung: Spitzfindige Leute sind Menschen, die immer alles sehr genau wissen wollen.

Dieses Gedicht stammt von DIETER MUCKE.

Aufgabe

Schau einmal in ein Kinderlexikon und finde heraus, was es mit dem Nürnberger Ei auf sich hat. Du kannst auch deine Eltern fragen.

Fragen

Hast du manchmal auch die Zeit im Gefühl? Wie ist das gemeint? Weißt du, wie die Leute früher die Zeit gemessen haben, als es noch keine Uhren gab?

Rätsel

Was haben alle Wörter gemeinsam? Male die Lösung in dein Heft. Falls du es nicht herausbekommst, kannst du hinten im Buch nachschlagen.

Ferien	Sommer
Arbeitszeit	Winter
Schulzeit	Öffnungszeit
Gezeiten	Gegenwart
Flugzeit	Herbst
Augenblick	Steinzeit

Aufgabe

Schreibe die folgenden Sätze in dein Heft und vervollständige sie.

- Heute morgen um 7 Uhr habe ich angefangen, …
- Das Ende unserer Ferien …
- Morgen werde ich in der Schule beginnen, …
- Das Ende unseres Jahrhunderts …
- Gestern habe ich begonnen, …

5.2 Ich werde geboren, meine Uhr beginnt zu ticken

PHILIPP OTTO RUNGE, Der Morgen, um 1808

Wachsen und größer werden

Jeder Mensch wird einmal geboren. Mancher vielleicht auf einer Wiese, so wie es das Bild zeigt. Die meisten Babys kommen jedoch in einem Krankenhaus zur Welt. Sie wachsen, werden größer und größer, bis sie dann eines Tages erwachsen sind und selbst wieder Kinder bekommen.

Aufgaben

Hast du schon an dir beobachtet, wie du wächst? Schau dir einmal Babybilder von dir an. Wie hast du dich seit deiner Geburt verändert? Erzähle eine Geschichte dazu oder male ein Bild.

Legt eure Babybilder in der Klasse aus und versucht zu erraten, welches Babyfoto zu welchem Schüler/welcher Schülerin gehört. Vergesst eure Lehrerin/euren Lehrer dabei nicht. Auch sie/er war einmal ein Baby.

Wichtige Ereignisse im Leben der Familie Kramer

Wenn ein Kind geboren wird, ist das ein wichtiges und schönes Ereignis in der Familie.
Die Kinder wachsen heran. Sie gehen bald in die Schule. Manchmal bekommen sie in dieser Zeit noch eine Schwester oder einen Bruder. So war das auch bei Familie Kramer. Anja ging in die 4. Klasse und freute sich riesig auf das Geschwisterchen. Als es geboren war, hatte Mutti auf einmal weniger Zeit für Anja. Auch Vater Kramer sprach nur noch von Klein-Moritz. Nun war Anja traurig …

Fragen

Was hat sich im Leben der Familie Kramer geändert?
Wie könnte die Geschichte weitergehen, damit Anja nicht mehr traurig ist?

Anja singt sehr schön. Sie darf deshalb bei einem Schulfest auftreten. Aber was soll sie anziehen? Mutti schlägt das Geburtstagsgeschenk vor: den neuen Rock mit den bunten Stickereien. Anja besteht aber auf den Jeans mit den aufgenähten lustigen Figuren. Es gibt Streit …

Aufgabe

Überlege dir, wie Anja und ihre Mutti den Streit beenden könnten.

Als Anja älter wird, wird sie immer selbstständiger. Sie entwickelt einen eigenen Geschmack, liebt eine besondere Musik. Auch ihre Freundinnen und Freunde sucht sie selbst aus.
Als sie die Schule beendet hat, lernt sie Verkäuferin. Sie wohnt jetzt nicht mehr zu Hause, sondern hat ein eigenes Zimmer in der Stadt. Am Wochenende ist sie oft bei ihren Eltern.

Als sie 25 Jahre alt ist, heiratet sie. Sie zieht mit ihrem Mann in eine andere Stadt in ein eigenes Haus. Dort trifft sich oft die gesamte Familie Kramer. Auch Oma Kramer ist manchmal da, obwohl ihr die lange Reise schwer fällt.

Als Anja noch klein war, hat Oma oft auf sie aufgepasst und schöne, alte Geschichten erzählt. Sie hat auch bei den Schularbeiten geholfen. Und Opa Kramer hat mit Anja und Moritz gebastelt. Dann bekam er aber eine schwere Krankheit und ist gestorben ...

Aufgabe

Nenne die wichtigsten Lebensabschnitte des Menschen.

Fragen

Worin unterscheidest du dich von deinen Eltern? Benutze die Punkte Kleidung, Musik, Sprache und Freunde und schreibe dazu einige Gedanken in dein Heft.

Welche Aufgabe erfüllen ältere Menschen in den Familien und Wohnorten?

Warum hast du den Tod erdacht?

Ein Märchen aus Afrika

Ein alter Mann, der viele Jahre erlebt und viel Leid erduldet hatte, sah seine Frau sterben. Keiner hatte helfen können. Keiner wusste eine Antwort, warum das alles so war.
„Fidi-mukullu will es so!“ sagte der Medizinmann.
Fidi-mukullu wollte es so! Da machte der alte Mann eine große Holztrommel und ging in den Busch. Dort gab es einen hohlen Baum, der so groß war, dass er bis hinauf in den Himmel reichte, bis zu Fidi-mukullus Dorf. Der alte Mann stellte seine Trommel in die Baumhöhle und schlug mit den Händen den Takt. Er trommelte viele Stunden lang, die ganze Nacht über und sang dazu:

Fidi-mukullu, du bist groß!
Du bestimmst des Menschen Los.*
Du hast die ganze Welt erdacht,
du hast die Tiere und Menschen gemacht,
du befiehlst die Nächte und schickst die Tage.
Alles ist recht. Wenn aber der Tag geht, klage ich, Gott, vor dir mein Leid.
Warum, Gott, hast du zu allem die Zeit erschaffen, die den Menschen alt macht?
Warum hast du den Tod erdacht?
Warum ist er unser Los?
Fidi-mukullu, du bist groß!

Worterklärung: Ein Los* ist das Schicksal des Menschen.

Das sang und trommelte der alte Mann. Es war ein trauriges Lied. Der Mann schickte es jede Nacht zum Himmel empor. Das Grollen der Trommel lief durch den Busch. Es rief zu Fidi-mukullu: „Warum hast du den Tod erdacht?“
Fidi-mukullu hörte es. „Was ist das?“ fragte er. „Warum ruft der Mensch zu mir?“
Niemand wusste es.
Auch in den folgenden Nächten waren die Trommelrufe und das Klagelied zu hören.
„Wo steckt der Mann?“ fragte Fidi-mukullu.
Niemand wusste es.
„Man soll ihn suchen!“ befahl Fidi-mukullu ...
Der alte Mann ... kam zu Fidi-mukullu. Der machte ein finsteres Gesicht.
„Was bist du für einer!“ brummte er. „Du singst, dass ich Gott bin und alles recht gemacht habe. Aber du beschwerst dich, weil du sterben musst. Bin ich nicht Gott?“
„Du bist Gott“, antwortete der Mann.
„Kann ich nicht tun, was mir beliebt?“
„Ja, das kannst du, weil du Gott bist.“
„Warum klagst du also?“
„Ich klage, weil ich ein Mensch bin. Du bist unsterblich, ich hingegen muss sterben. Du hast es so gewollt. Am Tag vergesse ich mein Leid. Wenn die Sonne scheint, sieht die Welt freundlich aus. Nachts aber bin ich traurig. Wenn es dunkel ist, muss ich an den Tod denken. Darf ich darum nicht wenigstens nachts davon singen, wie traurig ich bin, dass ich sterben muss?“
Fidi-mukullu hatte ein ernstes Gesicht. Er antwortete: „Es ist wahr, dass ich die Menschen zum Leben erwachen und wieder in den tiefen Schlaf fallen lasse. Ich darf es, weil ich Gott bin. Du aber darfst es beklagen, weil du ein Mensch bist und sterben musst.“
„Warum müssen wir Menschen sterben?“ fragte der Mann.
„Was tut ihr? Ihr esst, trinkt und schlaft. Heißt das leben?“
„Wir jagen, machen Krieg, werden krank“, antwortete der Mann. „Wir bauen Häuser, behängen uns mit Schmuck und feiern Feste. Wir säen und ernten, machen Speere, schnitzen Bilder und erfinden den Zauber. Wir lieben unsere Frauen, ziehen unsere Kinder auf und erzählen ihnen die alten Geschichten. Wir essen, trinken und schlafen.“
„Und ihr müsst sterben!“ fügte Fidi-mukullu hinzu. „Denn ohne den Tod wäre das Leben nicht gut. Darum sing weiter, Mann!“
Da kehrte der Mann in sein Dorf zurück.
Nachts stand er im hohlen Baum, und seine schwieligen Hände schlugen den Takt.

Fragen

Was gehört außer Essen, Trinken und Schlafen zum Leben?
„Ohne den Tod wäre das Leben nicht gut" – was meint Fidi-mukullu damit?
Wie stellst du dir Fidi-mukullu vor? Male ihn.

Fidi-mukullus Trommel

Wir bauen Trommeln und Rasseln

Versucht, eine Melodie für das Klagelied des alten Mannes zu finden, und baut euch einige Instrumente dafür. Für die Trommeln benötigt ihr runde Dosen, vielleicht leere Waschpulververpackungen, und alte Holzkochlöffel. Malt die Dosen an oder beklebt sie und befestigt dann ein Trageband daran, damit ihr sie umhängen könnt. Für die Rasseln braucht ihr leere Plastikflaschen aus dem Haushalt. Füllt die gut ausgespülten Flaschen mit Reis, kleinen Steinen, Erbsen oder anderen Materialien, damit jede Rassel einen anderen Klang bekommt. Zum Schluss verschließt ihr die Flaschen und malt sie an oder beklebt sie.

Wie Menschen älter werden

Wenn du die Mutter des Malers ALBRECHT DÜRER betrachtest, so siehst du sicherlich, dass sich jüngere und ältere Menschen unterscheiden.
Schau dir das Bild, das ungefähr 400 Jahre alt ist, eine Zeit lang an. Schreibe danach in dein Heft, was dir an Dürers Mutter auffällt.

ALBRECHT DÜRER,
Meine Mutter,
1514

Aufgaben

Beschreibe, wie du wächst.
Was passiert, wenn Menschen älter werden?
Male ein Bild über das Älterwerden.

5.3 Moment mal!

Wie ich mit meiner Zeit umgehen möchte

Kindheit, Jugendzeit und Erwachsenenalter gehören zur Lebenszeit eines Menschen. Es gibt jedoch auch kleinere Zeiteinheiten, wie z. B. Jahre, Monate, Wochen und Tage, die unsere Zeit begrenzen. Wir wollen jetzt eine Zeitreise rund um den Tag unternehmen. Bevor wir jedoch aufbrechen, kommt erst noch der Südseehäuptling TUIAVII aus Tuiavea zu Wort.

Der Papalagi hat keine Zeit

Es gibt in Europa nur wenige Menschen, die wirklich Zeit haben. Vielleicht gar keine. Daher rennen auch die meisten durchs Leben wie ein geworfener Stein. Fast alle sehen im Gehen zu Boden und schleudern die Arme weit von sich, um möglichst schnell voranzukommen. Wenn man sie anhält, rufen sie unwillig: „Was musst du mich stören; ich habe keine Zeit, siehe zu, dass du deine ausnützt." Sie tun geradeso, als ob ein Mensch, der schnell geht, mehr wert sei und tapferer, als der, welcher langsam geht ...

Nur ein einziges Mal traf ich einen Menschen, der viel Zeit hatte, der nie ihrer klagte, aber der war arm und schmutzig. Die Menschen gingen in weitem Bogen um ihn herum, und keiner achtete seiner. Ich begriff solches Tun nicht, denn sein Gehen war ohne Hast, und seine Augen hatten ein stilles und freundliches Lächeln. Als ich ihn fragte, verzerrte sich sein Gesicht, und er sagte traurig: „Ich wusste nie meine Zeit zu nützen, daher bin ich ein armer missachteter Tropf". Dieser Mensch hatte Zeit, doch auch er war nicht glücklich.

Fragen

Was kritisiert Tuiavii an uns Europäern?

Ist ein Mensch, der seine Zeit gut nutzt, mehr wert als einer, der immer viel Zeit hat?

Erzähle Tuiavii, wie du deine Zeit einteilst.

Benutze dabei die Zeit-Torte, die du dir bastelst..

Mein Tagesablauf

Bastelanleitung: Zeit-Torte

Zeichne zwei runde Scheiben aus Pappe von ungefähr 14 cm Durchmesser je Scheibe. Aus der zweiten Scheibe schneidest du dir deine Zeit-Tortenstückchen aus und klebst sie in der entsprechenden Größe, die du für deine Zeiteinteilung gewählt hast, auf die Pappe. Du kannst die einzelnen Tortenstücke auch farbig gestalten oder mit Bildern bekleben. Vergleicht eure Tortenstücke anschließend und überklebt sie mit neuen Tortenstücken, wenn ihr eure Zeiteinteilung ändern wollt. Vielleicht passiert das ja nach der folgenden *Reise durch euren Tagesablauf.*

Am Morgen

So – und jetzt beginnst du deine Tagesreise. Vielleicht kannst du dir dafür eine gesonderte Mappe oder sogar ein *Tages-Buch* anlegen, in dem du nach der folgenden Einteilung deinen Tagesablauf schilderst.

Mutter schimpft, verliert die Ruh':
„Jeden Morgen trödelst du!
Zieh dir deine Sachen an,
wir sind heute sehr spät dran!"

Fängt der Morgen bei dir auch so ähnlich an? Erzähle, wie du den Tag beginnst.
Male ein Bild, wie du dir das Frühstück in der Südsee vorstellst.

Gedanken am Vormittag

Woran denkst du, wenn du keine Lust hast, in der Schule aufzupassen?
Male den verrücktesten Gedanken, der dir jemals im Unterricht gekommen ist.

Zeitvertreib am Nachmittag

PAUL KLEE, Der goldene Fisch, 1925

Sicherlich setzt du dich am Nachmittag auch manchmal in eine Ecke und träumst so vor dich hin. Denn es macht ja Spaß, von ganz tollen Sachen zu träumen. Setz dich jetzt in irgendeine Ecke, schließ die Augen und stell dir den „goldenen Fisch" mit „inneren Augen" vor. Verändert er sich, wenn du ihn mit dem inneren Auge betrachtest?

Aufgaben

Male deinen Lieblingstraum am Nachmittag. Tauscht eure Bilder in der Klasse aus und versucht zu erraten, wovon die einzelnen Schülerinnen und Schüler am liebsten träumen.
Womit beschäftigst du dich nachmittags am liebsten? Denke dir eine Pantomime dazu aus. Spielt diese Pantomime in der Klasse vor und erratet, was die Einzelnen nachmittags am liebsten machen.

Eine Eigenart, die viele Kinder haben

Wenn du aus der folgenden kleinen Geschichte alle Wörter, die etwas mit dem Wort „Zeit" zu tun haben, untereinander schreibst, so bilden die Anfangsbuchstaben diese Eigenart. Sie ist sozusagen „der Zahn der Zeit" – über den hast du ja auch schon einmal nachgedacht –, den viele Kinder, und vielleicht nicht nur die, heutzutage besitzen. Gehörst du etwa auch dazu?

Janickas Erbstück

Janicka hatte von ihrer Großmutter eine Leierkastenuhr geerbt. Sie stand auf ihrem Schreibtisch und schimmerte jeden Abend durch die Dunkelheit. Welch herrlich bunte Figuren doch auf ihr tanzten! Janicka machte sich die verrücktesten Nachtgedanken über das gute alte Stück. Bei welcher Gelegenheit Oma die wohl bekommen hat, überlegte sich das neugierige Mädchen und spielte an seinen Bettzipfeln. Ob sie wohl aus der Eiszeit stammt, weil das Holz schon so verwaschen ist?

Aber Unsinn, die ist ja schon vor vielen, vielen ... Oma hat sie bestimmt zu Weihnachten gekriegt und war am Ende darüber gar nicht glücklich. Ob das immer so sein wird, dass wir uns über Dinge unserer Verwandten Gedanken machen? Zu Lebzeiten sind manche Gegenstände gar nicht so interessant. Sie werden es erst am Ende einer Generation.

Janicka blickte müde auf ihren Teddybär, drehte sich auf die andere Seite und schlief ein.

Fragen

Hast du die Eigenart herausgefunden? Man kann sie auch mit dem Sprichwort „Die Zeit totschlagen" beschreiben.
Hast du diese Eigenart auch manchmal? Was tust du dagegen?
Beschreibe diese Eigenart. Ob sie auch in der Südsee bekannt ist?
Stellt in der Klasse eine Liste zusammen: Zehn Vorschläge gegen ...

Vor dem Schlafengehen

Wahrscheinlich hast du auch schon einmal so wie Janicka im Bett gelegen und einen Gegenstand betrachtet oder an etwas besonders Schönes gedacht. Der Dichter JEAN PAUL empfiehlt uns: „Jeder sollte sich eine Überseh-Stunde seines Tages ... wählen." Diese Stunde sollte nicht am hellen Tage liegen, sondern in der Dämmerung. Wenn es dunkel wird, wirst du weniger abgelenkt.

CASPAR DAVID FRIEDRICH, Zwei Männer in Betrachtung des Mondes, 1819/20

Solch eine Überseh-Stunde hat der Maler CASPAR DAVID FRIEDRICH in diesem Bild gestaltet. Versetzt dich das märchenhafte rötliche Licht in eine besondere Stimmung? Sieh dir heute Abend den Mond an und erzähle, was dir dabei durch den Kopf geht.

Himmelsfragen

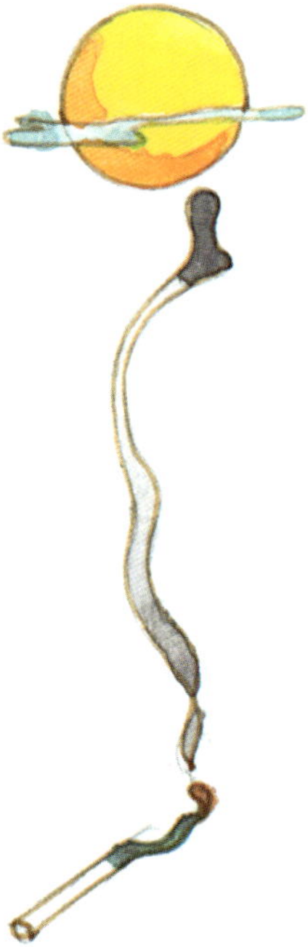

Wer hat die Sonne angezündet?
Sind Streichhölzer im Himmelsreich?
Wie kann ich das bloß 'rausbekommen?
Vor Ungeduld verbrenn' ich gleich

Warum strahlt abends denn der Mond noch?
Ach so, die Sonne ruht zur Nacht!
Und wenn die Himmelslichter leuchten,
hat das der liebe Gott gemacht?

Woher kommt eigentlich der Himmel?
Er schwimmt in dunklem Blau dahin.
Hat er ein Ende, wie die Erde? –
Warum ich wohl geboren bin?

Es schwirren endlos viele Fragen
in meinem Kopfe auf und ab,
jedoch die Antworten fall'n leider
vom Himmelszelte nicht herab!

Aufgabe
Und wenn du dann das Gedicht über die Himmelsfragen gelesen hast, schreibe sofort diejenigen Fragen in deine Tages-Mappe, auf die du bisher noch keine richtige Antwort finden konntest.

Die verlorene Zeit

Es war einmal ein kleiner Junge, der hieß Petja. Er ging in die dritte Klasse der vierzehnten Schule, blieb aber in allen Fächern hinter den anderen Schülern zurück – in Grammatik, in Mathematik und sogar in Musik.

„Ich hab noch genügend Zeit", sagte er am Ende des ersten Quartals. „Im zweiten Quartal hole ich alles nach."

Und als das zweite Quartal herangerückt war, verließ er sich auf das dritte. So geschah es, dass er nirgendwo mitkam und seine Zeit verlor, anstatt sich anzustrengen und sie zu nutzen.

Eines Tages kam Petja wie gewöhnlich zu spät in die Schule, lief zur Garderobe, warf seine Schulmappe auf den Ablagetisch und rief: „Tante Natascha, bitte nehmen Sie mir den Mantel ab!"*

„Wer ist da?“ fragte Tante Natascha hinter den Mantelreihen.

„Ich, Petja!“ antwortete der Junge.

„Warum hast du denn heute eine heisere Stimme?“ fragte Tante Natascha.

„Darüber staune ich auch“, sagte Petja. „Urplötzlich bin ich stockheiser“.

Tante Natascha tauchte zwischen den Mänteln auf, sah Petja an und rief erschrocken: „Oi!“

„Was ist, Tante Natascha?“ fragte er.

„Nanu!“ sagte Tante Natascha. „Sie nennen sich Petja, aber in Wirklichkeit sind Sie wahrscheinlich sein Großvater.“

„Wieso Großvater?“ rief der Junge. „Ich bin Petja aus der dritten Klasse!“

„Schauen Sie doch in den Spiegel!“ sagte Tante Natascha.

Da schaute Petja in den Spiegel und fiel vor Schreck fast um. Er sah, dass er sich in einen langen, dürren, bleichen Greis verwandelt hatte, mit Schnurrbart, grauem Vollbart und zerfurchtem Gesicht.

Petja starrte sich an und sein grauer Vollbart zitterte.

„Mama!“ rief er mit heiserer Bass-Stimme und rannte aus der Schule.

Wenn Mama mich nicht erkennt, ist alles aus, dachte er auf dem Heimweg.

Zu Hause angelangt, klingelte er dreimal an der Wohnungstür.

Mama öffnete.

Sie sah Petja an und schwieg. Petja schwieg auch. Er stand da, den grauen Vollbart vorgereckt, und kämpfte mit den Tränen.

„Zu wem wollen Sie, Großvater?“ fragte Mama schließlich.

„Erkennst du mich nicht?“ stammelte Petja.

„Nein, bedaure!“ erwiderte Mama.

JEWGENI SCHWARZ

Kurze Erklärung: an den russischen Schulen gab es bisher eine Garderobe mit einer Garderobenfrau, bei der die Schülerinnen und Schüler ihre Mäntel abgaben.

Wenn es dich interessiert, was weiterhin mit Petja passiert, so musst du das Märchen zu Ende lesen. Die Angaben dazu findest du im Anhang.

Fragen

Hattest du auch schon einmal Schwierigkeiten, dich in der Schule anzustrengen und deine Zeit zu nutzen? Wie bist du die Schwierigkeiten losgeworden?

5.4 Vergangenheit, Gegenwart, Zukunft

Rätsel

Ein Mensch lebt noch mit letzter List
in einer Welt, die nicht mehr ist.
Ein andrer, grad so unbeirrt,
lebt schon in einer, die erst wird.

Von welchen zwei Welten (Zeiten) ist hier die Rede?

Zeitabschnitte

Die Gegenwart ist der Zeitabschnitt, in dem du gerade lebst, also beispielsweise das Jahr 19… Demgegenüber bezieht sich die Vergangenheit auf Ereignisse und Erlebnisse, die bereits passiert sind. An manche Geschehnisse, die dein Leben betreffen, kannst du dich gut erinnern. Über andere Ereignisse erfährst du etwas durch Geschichtsbücher oder durch Gegenstände, wie z. B. die Leierkastenuhr von Janickas Oma. Auch die Erzählungen älterer Menschen, die dieses oder jenes Ereignis selbst miterlebt haben, geben Auskunft über die Vergangenheit. Du kannst diese vergangenen Ereignisse allerdings nicht mehr beeinflussen.
Wie aber verhält es sich mit der Zukunft, also mit den Ereignissen, die noch passieren werden? Lassen sie sich von uns Menschen beeinflussen? Was geschieht mit unseren Hoffnungen, Plänen und Wünschen? Können wir sie verwirklichen, wenn wir uns anstrengen?

Aufgabe

VERGANGENHEIT **ZUKUNFT**

Wo würdest du die Gegenwart einzeichnen?

Dein bisheriges Leben

Bisher kennen wir deinen Tagesablauf, deine persönliche Gegenwart. Nun solltest du ihnen auch etwas über deine persönliche Vergangenheit, also dein bisheriges Leben, erzählen. Benutze dabei das folgende Wortgeländer, das du beliebig verändern kannst:

Ich wurde geboren:	am ... in ...
Meine Erlebnisse vor der Schulzeit:	Kindergarten, Vorschule, Freunde, Reisen, besonders schöne Erlebnisse, traurige Erlebnisse ...
Meine Erlebnisse in der Schule:	Lieblingsfächer, Lieblingslehrer Freunde, Schwierigkeiten in der Schule, besonders schöne Erlebnisse, nicht so schöne Erlebnisse ...

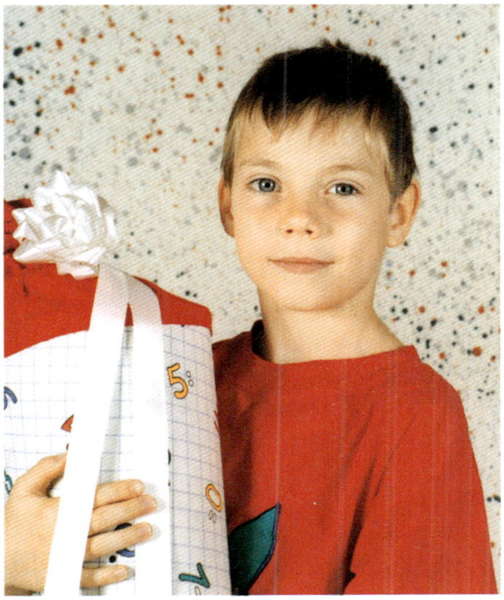

Du kannst die jeweiligen Stationen deines Lebens durch Fotos ergänzen. Vielleicht haben deine Eltern auch noch Fotos aus ihrer Kindheit?
Ihr könntet zum nächsten Elternabend eine Ausstellung veranstalten.

Zeit-Spiel: Lebensalter

Bildet Gruppen mit ungefähr sechs Schülerinnen und Schülern. Irgendeiner von euch sagt ein Lebensalter, z. B. 5 Jahre. Danach erzählt jeder, was er/sie mit 5 Jahren erlebt hat. Das kann ein lustiges oder ein trauriges Erlebnis sein oder irgendetwas anderes, an das ihr euch erinnert.
Anschließend nennt ein anderer ein besonders hohes Lebensalter, z. B. 65 Jahre. Und nun müsst ihr euch anstrengen, irgendein Erlebnis zu erzählen, das in diesem Alter passieren könnte. Los geht's!

Die Reise mit der Zeitmaschine

„Hier ist die Zeitmaschine", sagt der Meister zu Bernd. „Du setzt dich auf diesen Sitz in der Mitte und schnallst dich an. Vergiss nicht den Helm. Dann schaltest du den Hebel auf V für Vergangenheit oder auf Z für Zukunft. Je weiter du den Hebel in eine Richtung schiebst, umso weiter in der Vergangenheit oder in der Zukunft wirst du landen."
Bin ich in einem Traum? fragt sich Bernd. Dann sieht er Sarah, die ebenfalls in dieser seltsamen Garage ist. Da nimmt er sich vor, den Traum einfach weiterzuträumen.
„Nun, wohin willst du am liebsten reisen?" fragt der Meister mit seiner meckernden Stimme. „In die Vergangenheit", hört Bernd sich selber sagen. „In die Zeit, als es hier überall Urwälder gab. Als die Leute wilde Jäger und Sammler waren. Das möchte ich gern mal sehen."
„Dreitausend Jahre rückwärts", meckert der Meister. „Da wirst du eine Menge Energie verbrauchen. Schieb den Hebel schön weit nach vorn in die V-Richtung. So, jetzt gebe ich mal Saft auf die Motoren."

„Halt!“ ruft da Sarah, die die ganze Zeit über zugeschaut hat. „Ich glaub, ich träume! So eine Zeitmaschine kann es doch gar nicht geben. Die Vergangenheit ist doch vorbei und vergangen. In den großen Wäldern vor dreitausend Jahren – da haben genau so und so viele Menschen gelebt, genau das und das ist passiert, auch wenn wir es gar nicht wissen. Wenn da jetzt auf einmal aus unserer Zeit jemand auftaucht, kommt doch alles in Unordnung. Außerdem hängt doch auch unsere Gegenwart an der Vergangenheit: Soll sich denn auch die Gegenwart verändern oder wie? Die Vergangenheit ist nicht mehr die Vergangenheit, die Gegenwart ist nicht mehr die Gegenwart. Und wo soll Bernd denn sein, wenn er in der Vergangenheit ist: Soll er irgendwo noch hier sein, oder soll gar keine Spur mehr von ihm da sein?“
Bernd ist dankbar, dass Sarah sagt, was er eigentlich auch fühlt, nur nicht aussprechen kann. Aber der Meister lächelt selbstgefällig und wendet sich an Sarah: „Willst du es nicht selbst einmal versuchen, Kind? Kannst ja mit Bernd zusammen reisen. Oder magst du vielleicht lieber einen Blick in die Zukunft riskieren?“
Er drückt auf den roten Knopf an der Seite der Maschine. Der Apparat beginnt leise zu summen. Das Summen verstärkt sich und wird zu einem tiefen Brummen. Die Maschine beginnt zu funkeln und allmählich strahlt sie ein weißes Licht aus.
„So ein Humbug!“ ruft Sarah und wendet sich um, als ob sie weggehen wollte. „Bleib hier und hilf mir!“ ruft Bernd. Das Gesicht des Meisters leuchtet wie eine Fratze im Licht der Zeitmaschine.

HELMUT SCHREIER

Aufgabe
Baut im Werkunterricht eine Zeitmaschine.

Fragen
Würdest du mit dem Meister gern einmal in die Vergangenheit reisen? Welcher Zeitabschnitt würde dich besonders interessieren?
Wie stellst du dir das Leben vor 2000 Jahren vor? Male ein Bild oder erfinde eine Geschichte.

So stellt sich der neunjährige Ronny die Welt im Jahr 2000 vor …

Zukunftsgedanken

Wie stelle ich mir die Zukunft vor ?

In meiner Zukunft müßte jeder Mensch arbeiten können und so etwas wie Haß, Gewalt und Ausländerfeindlichkeit gäbe es nicht. Das alles könnte schon lange war sein, wenn sich jemand kümmern würde.

Franziska Praße, 11 Jahre

Ich wünsche mir für die Zukunft daß die Menschen alle Lebewesen in ruhe lassen. Und daß ich, wenn ich groß bin, mit meiner Freundin Anne u. eine Tierarztpraxis eröffnen kann.

Karoline Hiller, 10 Jahre

Ich hoffe, daß es in der Zukunft keine Kriege und Regenwaldabholzugen mehr gibt. Dann wünsche ich mir, daß fast jeder 2. Mensch einen Arbeitsplatz hat und daß ich Schriftstellerin werde.
Ich glaube, daß im Jahre 2000 alles von Maschinen gemacht wird. Und daß der Mensch keinen Handgriff mehr machen muß. Hoffentlich passiert das nicht!
Aber mein größter Wunsch ist, daß ich ein Schwein bekomme, weil das mein liebstes Tier ist.
Anne Weiler, 10 Jahre

6. Wenn alle Bächlein fließen ...

2. Kommt an Bord, ihr Fahrensleute.
Kapitän, nun steure gut.
Aus dem Hafen fahrn wir heute
einem fernen Lande zu.

3. Kaffee, Reis und Apfelsinen
kaufen wir dort für euch ein,
bringen Werkzeug und Maschinen,
Waren bringen muss ja sein.

4. Und mit all den schönen Sachen
fahrn wir wieder heimwärts dann.
Und die Kinder werden lachen,
Nüsse bringt der Weihnachtsmann.

Fragen
Hast du schon einmal eine Schiffsfahrt unternommen? Wie hast du dich dabei gefühlt? Was hast du auf dem Meer beobachtet? Falls du noch nicht mit dem Schiff gefahren bist, versuche dir vorzustellen, was du auf dem Meer sehen könntest.

Aufgabe
Male ein Bild, auf dem du so wie Nikomachos durch ein Bullauge auf das Meer schaust ...

Spiel: Wassersalat

Spielregel

Bildet kleine Gruppen und wählt in jeder Gruppe einen Spielleiter, der in Streitfällen über die Vergabe von Punkten entscheidet.
Schreibt die Wasser-Wörter auf kleine Kärtchen und legt sie nach jeder Spielrunde mit der unbeschriebenen Seite nach oben in eine Schüssel.

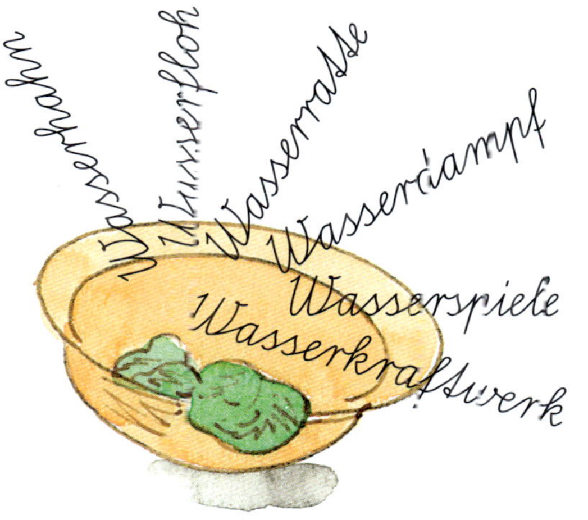

1. Runde:
Jeder Spieler zieht eines der Wörter aus der Salatschüssel und denkt sich ein Zeichen für dieses Wort aus. Es ist wichtig, dass man das Wort durch das Zeichen erkennt.

Nach fünf Minuten erratet ihr anhand der Zeichen, welches Wort die einzelnen Teilnehmer aus der Schüssel gezogen haben. Für jedes erratene Wort gibt es einen Punkt.

2. Runde:
Jetzt zieht ihr erneut ein Wort aus der Schüssel. Versucht an das zusammengesetzte Wort am Anfang oder am Ende ein weiteres Wort anzuhängen, so dass ein neues Wort entsteht. Achtet darauf, dass dieses neue Wort einen Sinn ergibt: z. B. Wasserkraftwerksbau.

Ihr habt wiederum fünf Minuten Zeit, auf einem gesonderten Zettel ein neues zusammengesetztes Wort zu finden. Für jedes zusammengesetzte Wort erhaltet ihr einen Punkt.

3. Runde:
Zieht nochmals ein Wort aus der Salatschüssel und denkt euch ein Geräusch aus, an dem man das Wort erkennen kann. Ihr habt wiederum fünf Minuten Zeit dazu. Eure Mitspieler müssen dann das Wort anhand des Geräuschs erraten. Für jedes erratene Wort gibt es einen Punkt.

Derjenige, der am Schluss die meisten Punkte in eurer Gruppe gesammelt hat, darf beim nächsten Spiel Spielleiter sein.

6.1 Verschmutztes Meer

Anna und Robert verbringen die Ferien an der Nordsee. Heute Morgen sind sie schon vor dem Frühstück am Strand. Sie wollen nach Bernstein suchen. Gestern hat ihnen ein Junge aus Berlin einen kastaniengroßen Bernstein-Brocken gezeigt, den er selber gefunden hatte. „Wenn man zu so was kommen will", meinte er, „dann muss man früh aufstehen, bevor die anderen Strandläufer mitsuchen."
Auf dem festen glatten Streifen, an dem Sand und Wasser zusammenkommen, sind alle möglichen Dinge angeschwemmt worden: Schalen von blauen Engelsflügeln und braunen Sandklaffmuscheln, dunkle Fetzen Tang mit Blasen, weiße Scheiben vom Tintenfisch, grüne stumpfgeschliffene Glasscherben, Panzer von Strandkrabben, Möwenfedern, geglättete Holzsplitter, leere Bierdosen, Plastiktüten, vor allem aber Teerklumpen – bräunlich und schwarz, weich und klebrig oder hart und fest, groß wie ein Kuhfladen und klein wie ein Zeh.
„Kein einziger Bernstein, alles nur Teer", sagt Robert. „Ich möchte bloß wissen, woher die vielen Teerklumpen kommen", sagt Anna. „So viele habe ich tagsüber noch nie gesehen."
„Da schau", zeigt Robert mit dem Finger: „Hinter uns die Müllabfuhr." Drei Männer mit breiten Rechen und Plastiksäcken gehen am Strand entlang, rechen die angeschwemmten Abfälle zusammen und füllen sie in große blaue Plastiksäcke.
„Bevor die hierher kommen, will ich mir noch ein paar schöne Sachen mitnehmen", sagt Anna. Im Weitergehen hebt sie eine Muschel auf, ein rundgeschliffenes graues Holzstück und einen fast vollständig erhaltenen Krebspanzer.
Robert schaut ihr zu und bemerkt: „Das gibt eigentlich ein falsches Bild."
„Wieso?"
„Weil du eigentlich noch eine Bierdose mitnehmen müsstest, diese Spritze hier und ein paar schöne weiche Teerklumpen. So sieht es nämlich hier in Wirklichkeit aus."
„Ich will aber nur solche Sachen, die vom Meer stammen, nicht die, die vom Menschen stammen", antwortet Anna.
„Aber deshalb gibt es ja gerade ein falsches Bild", beharrt Robert.

HELMUT SCHREIER

Fragen

Kannst du Annas Frage beantworten: Woher kommen die Teerklumpen am Strand?
Stell dir vor, du bist Museumsdirektor/direktorin eines kleinen Nordseemuseums in Husum. Würdest du Teerklumpen im Museum ausstellen?
Was würdest du machen, wenn jemand direkt neben dir am Strand eine Cola-Dose in den Sand wirft?

Aufgabe

Bringt „Fundstücke vom Meeresstrand" mit in die Schule und untersucht sie auf Teerreste. Organisiert eine Ausstellung dieser Fundstücke und diskutiert mit den Schülerinnen und Schülern anderer Klassen eurer Schule über die Verschmutzung der Meere.

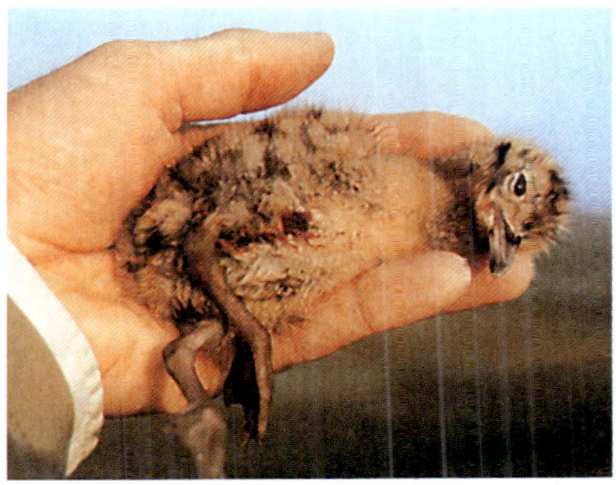

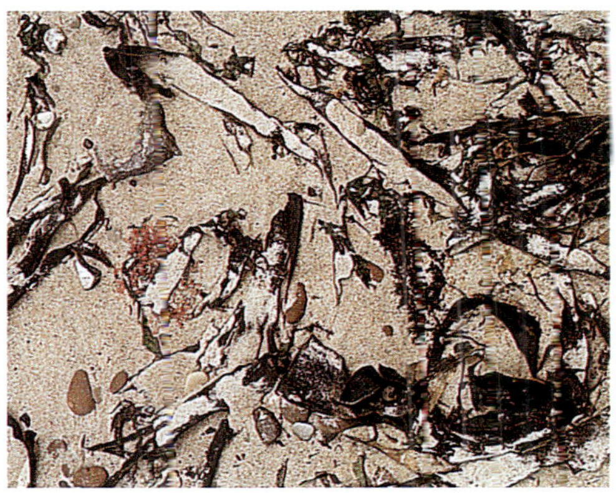

Sonne und Himmel, Erde und Wasser sowie Pflanzen und Tiere gehören zu unserer Umwelt. Einige Leute haben nun vorgeschlagen, das Wort Umwelt durch das Wort Mitwelt zu ersetzen. Wärst du auch dafür? Warum?

6.2 Überall brauchen wir Wasser

Du kommst morgens aus dem Bett, läufst ins Badezimmer und drehst den Wasserhahn auf, um dir dein verschlafenes Gesicht zu waschen. Hast du eigentlich schon einmal daran gedacht, dass du selbst zu zwei Dritteln aus Wasser bestehst?

Alle Lebewesen auf der Erde brauchen Wasser, damit sie leben können. Versuche morgen beim Zähneputzen herauszubekommen, wie Wasser riecht und schmeckt.

Wir Menschen verbrauchen täglich etwa 140 l Wasser. Erzählt Niko, wofür ihr in eurer Familie Wasser verwendet. Beginnt am besten morgens beim Aufstehen und hört abends beim Schlafengehen auf. Malt die einzelnen „Wasserstationen" auf einen Zettel und überlegt dann gemeinsam, ob und wie ihr eventuell euren Wasserverbrauch verringern könntet.

Autowäsche

Die Kinder aus dem Birkenweg haben eine Umweltgruppe gegründet. „Wir machen jetzt selbst was!" sagen sie.
In den Ferien feiern sie ein kleines Straßenfest. Durch den Verkauf von Limonade und Würstchen nehmen sie etwas Geld ein. Und außerdem sind gleich noch vier neue Mitglieder dazugekommen.
Beim ersten Treffen der Gruppe nach den Ferien sitzen in Möllers Hobbyraum acht Kinder zusammen und beraten, wie es nun weitergehen soll.
Florian will gerne Nistkästen für die Vögel bauen. Nicki macht einen ganz anderen Vorschlag: „Hier im Viertel wäscht doch fast jeder sein Auto mit Trinkwasser. Das ist doch reine Verschwendung. Dagegen müssen wir was unternehmen ..."

Aufgabe
Schreibe oder male auf, was die Umweltgruppe gegen das Autowaschen unternehmen kann.
Falls du wissen möchtest, wie die Geschichte zu Ende geht, dann lies das Buch „Leselöwen – Umweltgeschichten: Am Wasser" von EDGAR WÜPPER.

7. Keiner kann machen, was er will!

7.1 Eins, zwei, drei, vier, fünf – Runter mit den Strümpf'!

Wie Regeln entstehen

PIETER BREUGHEL, Kinderspiele, 1560

Auf dem Bild des holländischen Malers PIETER BREUGHEL siehst du Kinderspiele, die vor fast 400 Jahren gespielt wurden. Erkennst du einige, die du auch heute noch spielst?

Aufgaben

Welches Spiel spielst du am liebsten? Bringe dein Lieblingsbrettspiel mit in die Schule und erkläre deinem Nachbarn/deiner Nachbarin, wie es gespielt wird.
Bildet Gruppen und spielt einige der mitgebrachten Brettspiele.
Versucht anschließend die Frage zu beantworten, ob jeder ein Spiel so spielen kann, wie er es will. Warum/warum nicht?

Gruppenspiel

Bildet eine Gruppe von ungefähr sechs Schülerinnen und Schülern, die im Kreis sitzen. Legt in die Mitte einen großen Zettel (vielleicht ein Stück Tapetenrolle) und einen Stift. Einer sagt leise das Alphabet auf, ein anderer sagt „stopp".
Mit demjenigen Buchstaben, bei dem „stopp" gesagt wurde, sucht ihr jetzt so viele Wörter, wie ihr in einer Minute finden könnt. Einer muss auf die Uhr schauen und nach einer Minute „stopp" sagen; die anderen schreiben nacheinander die Wörter auf den Zettel.

Beispiel

Anschließend wählt ihr einen aus, der mit euren „Gruppenwörtern" eine Geschichte erfindet, in der *alle* genannten Wörter vorkommen müssen.

Denkaufgaben

Verändert das Spiel. Überlegt euch, wie ihr das Spiel verändern müsst, damit ein neues Spiel entsteht.
Auf diese Art und Weise könnt ihr auch das Zeit-Spiel „Lebensalter" auf Seite 75 neu gestalten.

Überall gibt es Regeln

Regeln gibt es in der Schule, beim Spiel, im Straßenverkehr ...

Was ist eine Regel?

Du hast sicherlich gemerkt, dass man Spiele nicht spielen kann, ohne sich nach bestimmten Vorschriften zu richten, die angeben, wie man ein Spiel spielen soll. Eine Regel ist also eine Vorschrift, die uns Menschen sagt, wie wir in bestimmten Situationen des alltäglichen Lebens handeln oder auch nicht handeln sollen. Sie ist so etwas wie eine Richtschnur, an die wir uns halten müssen, damit uns das, was wir machen wollen, auch gelingt.

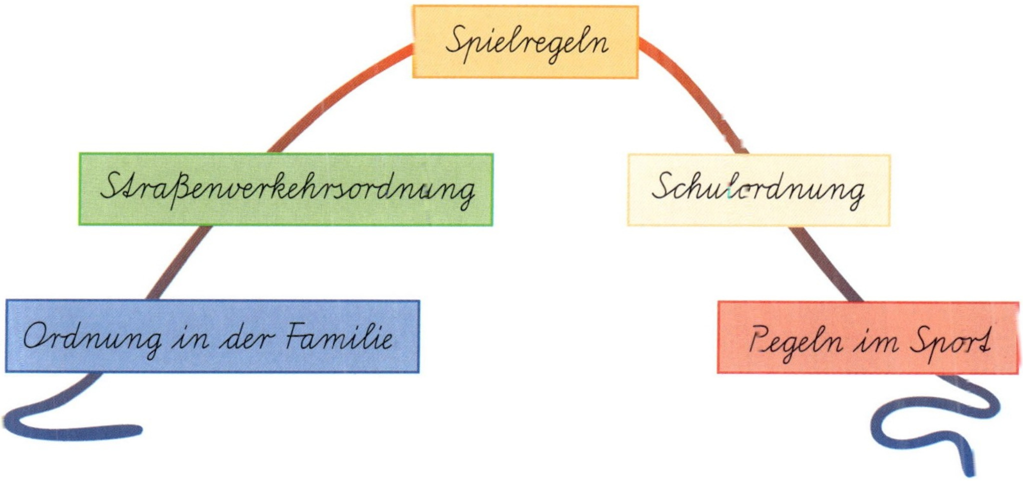

Aufgabe
Gib jeweils zu den fünf genannten Gebieten zwei Regeln an, die du wichtig findest. Warum sind sie deiner Meinung nach wichtig?

Es ist verboten ...

Regeln geben auch an, was man in einer bestimmten Situation *nicht* tun darf. Schreibe die folgenden Verbote in dein Heft und begründe sie.

Es ist verboten ...
- bei Rot über die Straße zu gehen, weil ...
- den Radiergummi des Nachbarn still und leise in die Tasche zu stecken, weil ...
- am Sonntag zwischen 13 und 15 Uhr den Rasen zu mähen, weil ...
- Hunde mit Steinen zu bewerfen, weil ...
- auf dem Friedhof herumzuschreien, weil ...

7.2 Du sollst ... !
Warum brauchen wir Gebote?

Was sind Gebote?

Beim Spielen, Sporttreiben oder auch in der Familie gibt es Regeln, wie wir bestimmte Handlungen ausführen oder auch nicht ausführen sollen. Für das Zusammenleben von Menschen in Familien und größeren Gruppen gibt es besondere Regeln. Sie heißen Gebote. Gebote sagen uns Menschen, was für ein Leben wir führen sollen.

Die ältesten Gebote stehen in der Bibel, dem Buch der Christen.

Fragen
Was würde passieren, wenn wir Menschen keine Regeln und Normen hätten?

7.3 Die „Zehn Gebote“ aus der Bibel

Die „Zehn Gebote“ findest du im Alten Testament, dem ersten Teil der Bibel. Sie wurden Moses auf dem Berg Sinai, den du auf dem Bild siehst, von Gott übermittelt. Sinai befindet sich im Nahen Osten, in der Nähe von Ägypten.
Das Alte Testament erzählt die Geschichte Gottes und des Volkes Israel, das von Moses aus der Sklaverei in Ägypten gerettet wurde. Das Alte Testament enthält sehr viele Gebote Gottes, nicht nur die berühmten „Zehn Gebote“. Sie sagen den Christen, wie sie nach Ansicht Gottes handeln sollten, damit sie gut miteinander auskommen.

Landschaft in Sinai

Wir haben für dich fünf der „Zehn Gebote“ ausgewählt, mit denen du in deinem Leben sicherlich viel zu tun hast. Du findest sie hier in diesem Buch mit einfachen Worten formuliert. Wenn du sie in der ursprünglichen, etwas schwierigen Form lesen möchtest, schau doch einmal in die Bibel. Dort findest du auch die Geschichte über Moses und das Volk Israel.

MARC CHAGALL, Moses empfängt die Gesetzestafeln, 1950-52

Das Bild des russischen Malers MARC CHAGALL zeigt Moses auf dem Berg Sinai, dem Gottesberg. Moses empfängt von Gott die Gesetzestafeln mit den „Zehn Geboten". Sein Gesicht, von zwei Lichtstrahlen erleuchtet, ist Gott zugewandt. Es wurde in grüner Farbe gezeichnet – erinnerst du dich noch an das Bild „Der Geiger" von Chagall auf Seite 42?

Moses ist auf dem Bild nicht mit Gott allein. Auf der rechten Seite siehst du das Volk Israel, dessen Geschichte das Alte Testament in der Bibel erzählt. Über dem Volk geht ein dunkles Licht auf – es hat in seiner Geschichte sehr viel Leid ertragen müssen, was du in unserem Buch auch durch die Erzählung „Jakob der Lügner" erfährst. Am Himmel, am oberen Rand des Bildes, fliegt ein großer leuchtender Vogel. Was könnte er zum Ausdruck bringen? Wo ist Gott auf diesem Bild?

Die ausgewählten fünf Gebote

Gott sprach zu Moses diese Worte und Moses schrieb sie auf steinerne Tafeln.

Jakob der Lügner

Der Schriftsteller JUREK BECKER hat ein bekanntes Buch für Erwachsene geschrieben. Es heißt „Jakob der Lügner". In diesem Buch wird die Geschichte des jüdischen Mannes Jakob erzählt. Er wurde wie alle anderen jüdischen Menschen während des Zweiten Weltkrieges verfolgt und in einem speziellen Stadtviertel Budapests, das man Ghetto nannte, gefangen gehalten. Dort mussten die Juden auf ihren Abtransport in ein Todeslager warten. In diesem Ghetto hörte Jakob zufällig von den Soldaten, die Wache hielten, damit keiner der Juden entfliehen konnte, dass die russische Armee auf Budapest vorrückt. Als er mit dem Jungen Mischa, der auch im Ghetto lebt, eines Tages am Bahndamm entlanggeht, entdeckt der Junge Kartoffeln in einem Eisenbahnwaggon. Mischa hatte seit Tagen gehungert und will deshalb Kartoffeln stehlen. Jakob weiß, dass darauf die Todesstrafe steht. Also muss er versuchen, Mischa irgendwie zu retten.

Jakob weiß, dass nicht mehr viel Zeit bleibt; der Junge ist in einem Zustand, in dem man nicht normal mit ihm reden kann. Und dann sieht er die Ablösung in einer Kolonne anmarschieren und jetzt muss er es ihm sagen.
„Weißt du, wo Bezanika liegt?"
„Gleich", sagt Mischa aufgeregt.
„Ob du weißt, wo Bezanika liegt?"
„Nein", sagt Mischa und seine Augen begleiten die Kolonne auf ihren letzten Metern.
„Bezanika ist ungefähr vierhundert Kilometer von uns …"
„Aha."
„Die Russen sind zwanzig Kilometer vor Bezanika!"
Mischa gelingt es für einen Augenblick, seine Blicke von den marschierenden Soldaten frei zu machen …
„Freust du dich nicht?" fragt Jakob.
Mischa lächelt ihn freundlich an. „Schon gut", sagt er mit einer Stimme, die ein wenig traurig klingt, der man aber auch eine gewisse Anerkennung für Jakobs reizende Mühe anhören soll. Und dann hat er wieder Wichtigeres zu beobachten. Die Kolonne kommt näher, an dem kleinen Steinhaus, in dem die Eisenbahner und die Posten ihren Aufenthaltsraum haben, sind sie schon vorbei …
„Ich habe ein Radio!" sagt Jakob …
Mischa bleibt regungslos sitzen, die Russen sind vierhundert Kilometer von uns entfernt, bei irgendeinem Bezanika, und Jakob hat ein Radio. Sie sitzen auf der Erde und sehen sich an, es hat nie einen Waggon gegeben mit Kartoffeln, keiner hat je auf die Ablösung gewartet, ganz plötzlich ist morgen auch noch ein Tag …

Sie sitzen noch ein bisschen, Mischa lächelt glücklich mit seinen Augen, so hat Jakob ihn zugerichtet. Jakob steht auf, man kann nicht ewig sitzen ... Er ist gezwungen worden, verantwortungslose Behauptungen in die Welt zu setzen, der ahnungslose Idiot da hat ihn gezwungen ..., bloß weil er plötzlich Appetit auf Kartoffeln bekommen hat. Er wird ihm schon die Wahrheit sagen, nicht sofort, aber heute noch, egal ob morgen dieser Waggon noch da steht oder nicht ...
„Nimm dich zusammen und steh auf. Und vor allem halt das Maul. Du weißt, was das heißt, ein Radio im Ghetto. (Der Besitz eines Radios wurde im Ghetto mit Erschießen bestraft.) *Kein Mensch darf davon erfahren.“*

Natürlich verbreitete sich die Nachricht von Jakobs Radio im gesamten Ghetto. Die jüdischen Menschen, die verzweifelt waren, schöpften wieder neuen Mut. Jakob besaß jedoch gar kein Radio. Er hatte die Nachricht, dass die russische Armee vorrückt, lediglich in einem Gespräch zwischen den Wachposten gehört.

Fragen

Warum hat Jakob Mischa angelogen?
Ist Lügen in jeder Situation böse?
Was ist eine Notlüge? Nenne ein Beispiel dafür.

7.4 Sag mir, Jesus, was ich tun soll

Das Neue Testament ist der zweite Teil der Bibel. Es erzählt vom Leben Jesu und den Anfängen der Kirche. Jesus von Nazareth, Gottes Sohn, wurde in Bethlehem geboren. Er ließ sich im Flusse Jordan taufen. Danach ging er auf Wanderschaft und predigte von der Liebe Gottes, die für alle Menschen da ist. Jesus heilte Kranke von schweren Leiden und half den Armen und Hilfsbedürftigen. Später wurde er von den Römern, die Judäa besetzt hatten, zum Tode verurteilt und am Kreuz hingerichtet. Gott schenkte ihm jedoch ein neues Leben. Die Bibel berichtet über die Auferstehung Jesu.
Jesus hatte zwölf Apostel. Man nennt sie auch Jünger. Diese haben alles aufgeschrieben, was Jesus den Menschen erzählte. Er selbst hat nichts aufgeschrieben. Die Briefe der Jünger berichten davon, welches Leben ein guter Christ führen soll und was ihn in seinem Glauben an Gott bestärken kann.
Eines Tages ging Jesus mit seinen Jüngern auf einen Berg, um mit ihnen zu sprechen. Dieses Gespräch heißt „Bergpredigt". Dort hat Jesus viele Gebote ausgesprochen, einige davon kennst du schon aus den „Zehn Geboten".

REMBRANDT, Christus verkündet seine Botschaft, 1652

Aufgabe
Lies die folgenden Abschnitte aus der Bergpredigt und versuche ihnen eine Überschrift zu geben.

Evangeliar Ottos III., Die Bergpredigt, um 1000

Bittet, und ihr werdet bekommen! Sucht, und ihr werdet finden. Klopft an, und man wird euch öffnen! Denn wer bittet, der bekommt; wer sucht, der findet, und wer anklopft, dem wird geöffnet. Wer von euch würde seinem Kind einen Stein geben, wenn es um Brot bittet? Oder eine Schlange, wenn es um Fisch bittet? So schlecht ihr auch seid, wisst ihr doch, was euren Kindern gut tut, und gebt es ihnen ...

Was tut Kindern gut?

Behandelt die Menschen so, wie ihr selbst von ihnen behandelt werden wollt ... Geht durch das enge Tor. Denn das Tor, das ins Verderben führt, ist breit, und die Straße dorthin ist es auch. Viele sind auf ihr unterwegs. Aber das Tor, das zum Leben führt, ist eng und der Weg dorthin schmal. Nur einige finden ihn.

Aufgabe
Vergleiche und male die beiden Tore, von denen Jesus spricht.

7.5 Die Rechte der Kinder

Dieses Bild stammt von dem zehnjährigen FELIX. Bestimmt hast du gemerkt, dass er ein Wort falsch geschrieben hat.

Die Vereinten Nationen

Du bist als Kind auch ein kleiner Bürger oder eine kleine Bürgerin eines bestimmten Staates. Versucht einmal herauszufinden, wer in eurer Klasse Bürger oder Bürgerin der Bundesrepublik Deutschland und wer Bürger oder Bürgerin eines anderen Staates ist.
Mehr als 160 Staaten der Welt haben sich seit 1945 in einer großen Gemeinschaft zusammengeschlossen, den Vereinten Nationen, die man auch UNO nennt. Die UNO hat ihren Sitz in New York, einer bekannten und sehr großen Stadt in den USA. Sie veröffentlichte 1989 ein Buch, in dem 54 Kinderrechte festgelegt worden sind. Damit du weißt, welche Rechte du als Kind hast, findest du einige der wichtigsten davon in diesem Buch.
Die Erwachsenen sollen dafür sorgen, dass die Kinder ihre Rechte bekommen. Dazu hat die UNO alle Mitgliedsstaaten aufgerufen.

Gebäude der Vereinten Nationen in New York

Kinderrechte der UNO

Von den 54 Rechten wollen wir zehn kennenlernen.

1. Jeder Mensch bis zum Alter von 18 Jahren ist ein Kind.

2. Alle von der UNO festgelegten Rechte des Kindes gelten für jedes Kind, unabhängig von seiner Hautfarbe, seinem Geschlecht oder seiner Sprache.

3. Jedes Kind hat von Geburt an ein Recht auf einen eigenen Namen.

4. Jedes Kind hat das Recht auf ein angenehmes Leben und die bestmögliche Erhaltung seiner Gesundheit.

5. Alle Kinder haben das Recht auf eine kostenlose Schulbildung.

6. Die Regierung eines Staates darf Kinder unter 12 Jahren nicht in die Armee einziehen.

7. Der Staat hat die Pflicht, Kinder vor Krieg zu schützen.

8. Der Staat hat die Pflicht, Gesetze zu erlassen, damit Kinder nicht wie Erwachsenen arbeiten müssen und dadurch krank werden.

9. Jedes Kind hat das Recht, seine Meinung frei zu äußern.

10. Alle Kinder haben ein Recht auf Freizeit und Erholung.

Wir haben einen „Baum der Rechte“ gezeichnet. Male *deinen* Baum der Rechte in dein Heft.

Nachgedacht

Frau Schmidt sagt zu ihrer Nachbarin: „Jetzt haben sogar die Kinder Rechte bei der UNO. Aber Pflichten haben sie keine!“
Was würdest du Frau Schmidt antworten?
Nehmt eine Tapetenrolle und unterbreitet der UNO einen Vorschlag: Die Pflichten der Kinder …

Patrick hat im Ethikunterricht etwas über die Rechte der Kinder gehört. Eines Tages bekommt er im Fach Kunst von seiner Lehrerin eine schlechte Zensur. Er ist wütend und schimpft über sie laut in der Klasse. Die Lehrerin ermahnt ihn, damit aufzuhören. Patrick antwortet ihr: „Ich habe schließlich ein Recht, meine Meinung zu sagen! Das steht in der UNO-Erklärung über die Rechte der Kinder!“

Was sagst du zu Patricks Verhalten?

Sarajevo, Montag, den 29. Juni 1992

Liebe Mimmy,

Ich halte diesen Kanonendonner nicht mehr aus!!! Die Granaten, die ständig vom Himmel fallen!!! Die vielen Toten!!! Unsere Verzweiflung!!! Den Hunger!!! Die Angst!!

Nur aus diesen Dingen besteht mein Leben!
Ein Kind das nicht spielt, das keine Schule mehr hat, das ohne Freunde, ohne Sonne, ohne Vögel, ohne Natur, ohne Obst, ohne Schokolade, ohne Bonbons ist und nur ein wenig Milchpulver hat.
Jetzt kapier ich wirklich, daß ich mitten im Krieg lebe, daß ich einen schmutzigen, widerlichen Krieg erlebe. Ich und auch Tausende andere Kinder in dieser Stadt, die langsam zerstört wird, die weint, klagt und auf Hilfe hofft. Mein Gott, wird das alles eines Tages aufhören, werd ich wieder in die Schule gehen können und wieder ein Kind werden, das froh ist? Ich war glücklich als Kind, aber dieser Krieg hat mir alles genommen. Warum nur? Ich bin traurig. Ich möchte weinen. Ich weine.

Deine Zlata

Kinder leiden im Krieg in Bosnien

Fragen und Aufgaben

Was weißt du über Sarajevo und den Krieg in Bosnien? Stellt mit eurer Lehrerin/eurem Lehrer eine Wandzeitung zusammen.
Welche Kinderrechte wurden Zlata genommen?
Male ein Bild für Zlata mit allen Dingen, die sie so sehr vermisst.

Spielvorschlag

Zwei aus eurer Klasse stellen sich in die Mitte eures Sitzkreises und spielen für einige Minuten die Rolle eines Politikers oder einer Politikerin. Sie halten abwechselnd eine kleine Rede nach folgendem Muster:

„Ich will, dass *alle Kinder* …“
(1. Rede)

„Ich will, dass *kein Kind* …“
(2. Rede)

Aufgabe

Schau dir die Zeichnungen von JAN und ANTJE an.

Wovor hat Antje Angst?

Was wünscht sich Jan für alle Kinder?

Wir bringen Frieden

Spielvorschlag

Die hebräische Überschrift heißt „Hewenu schalom alejchem". „Schalom" bedeutet „Frieden", wird in Israel aber auch als Grußwort wie „Hallo" gebraucht. Ihr könnt dieses Lied gut als Kanon singen.

Ein Brief aus Bombay

Liebe Omi!

Seit ein paar Wochen sind wir in Bombay. Papa gefällt seine Arbeit in der Traktorenfabrik ganz gut. Mama und ich sind vormittags in der deutschen Schule. Am Nachmittag gehen wir oft in die Stadt oder besuchen Freunde. Gestern waren wir in einem Dorf in der Nähe von Bombay. Dort wohnt Asja, Mamas indische Freundin. Mama und Asja haben immer nur Englisch gesprochen. Das war langweilig. Nach zwei Stunden bin ich aus dem Haus gelaufen und habe Kinder gesucht, mit denen ich spielen kann. Es waren leider keine da. Da habe ich Asja gefragt, warum es keine Kinder im Dorf gibt. Asja erzählte mir, dass die Kinder aus dem Dorf bis spät abends zur Arbeit gehen. Stell dir vor, Omi, die sind den ganzen Tag in der Teppichfabrik. Sie spielen nicht und gehen auch nicht in die Schule. Sie müssen arbeiten, weil ihre Familien nicht genug zu essen haben. Asja hat mir gesagt, dass die Kinder 10 Stunden lang Teppiche knüpfen müssen.

Ihre Eltern bekommen keine Arbeit in der Teppichfabrik, weil sie nicht so feine kleine Hände wie Kinder haben und auch nicht so schnell wie Kinder arbeiten können. Außerdem bekommen die Kinder nicht so viel Geld für ihre Arbeit wie Erwachsene.

Als ich klein war, liebe Omi, habe ich immer gern auf deinem Teppich im Wohnzimmer gespielt. Aber wenn ich daran denke, dass er vielleicht von Kindern aus Indien geknüpft wurde, möchte ich das gar nicht mehr. Was würdest du eigentlich sagen, wenn ich 10 Stunden lang Teppiche knüpfen müsste?

Ich freue mich schon sehr, wenn ich in einem Jahr wieder nach Schönebeck zurückkomme. Papa und Mama können nämlich nicht so schöne Schlafgeschichten erzählen wie du. Und außerdem ist es in Bombay viel zu heiß. Heute träume ich bestimmt von den Teppich-Kindern aus Asjas Dorf.

Tschüs, Omi

Dein Olaf

Fragen und Aufgaben

Suche Bombay auf dem Globus oder auf einer Landkarte.
Sammelt aus Zeitungen oder Büchern Informationen über diese Stadt.
Warum trifft Olaf keine Kinder in Asjas Dorf?
Welche Rechte der Kinder werden in dem indischen Dorf nicht eingehalten?
Was können wir in Deutschland dagegen tun?

Ein Würfelspiel:
Der lange Weg zum Frieden

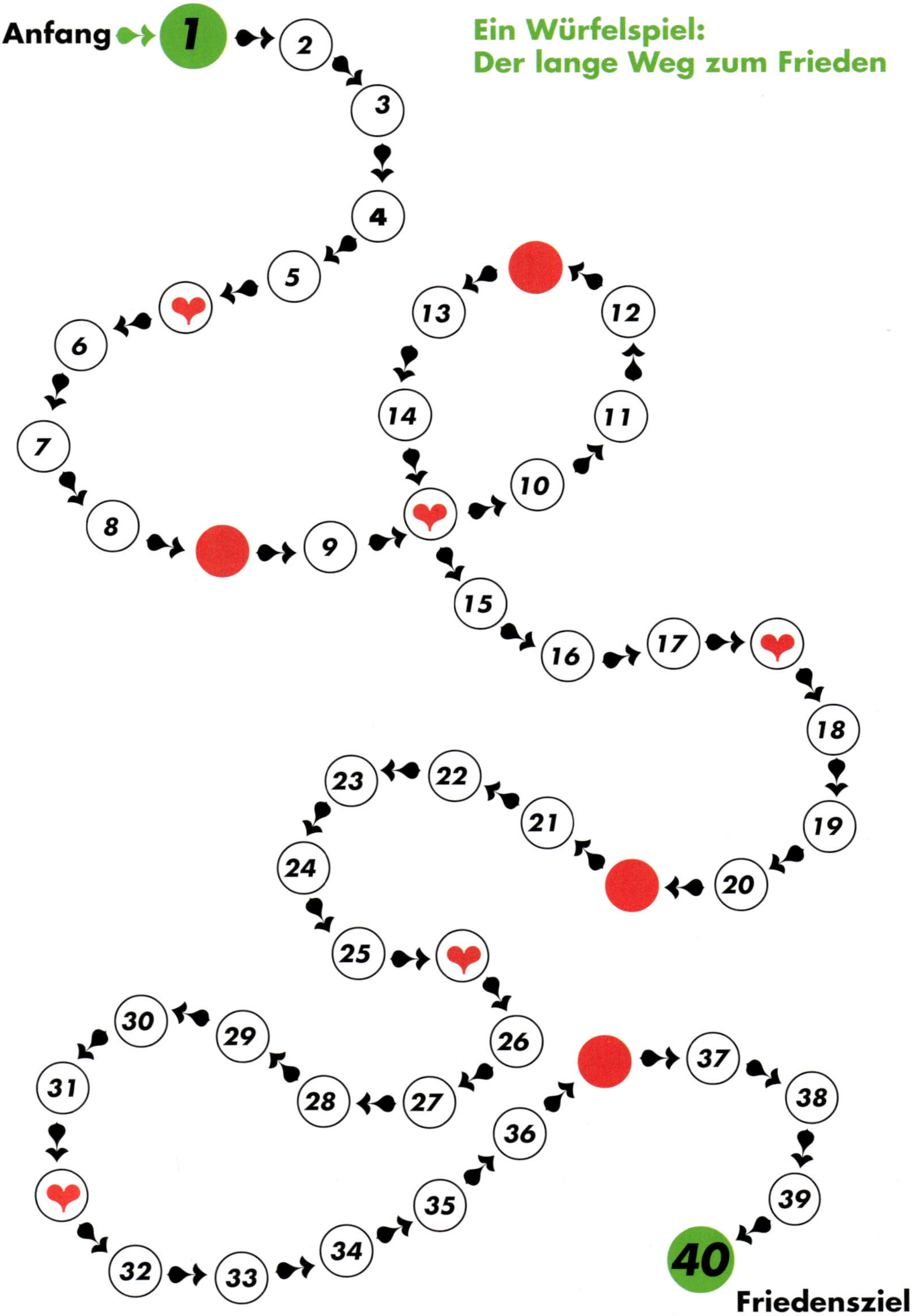

Spielanleitung

Zum Abschluss unseres Kapitels über die Rechte der Kinder schlagen wir euch ein Spiel für friedliche Nachbarn vor. Zwei Spieler können daran teilnehmen. Zuvor sollten erst noch Friedensfiguren gebastelt werden, die ihr auf die Reise schickt. Ihr würfelt und versucht, gemeinsam den langen Weg zum Frieden zu gehen. Wenn ihr auf eins der markierten Felder des Spielfeldes kommt, müsst ihr die entsprechenden Aufgaben erfüllen. Falls euch das nicht gelingt, müsst ihr einmal mit dem Würfeln aussetzen. Entscheidet bitte gemeinsam – ohne Streit und laute Worte –, ob ihr die Aufgaben richtig gelöst habt oder nicht. Wenn ihr euch nicht einigen könnt, müsst ihr einen Friedensrichter fragen. Bevor ihr das Spiel in der Klasse beginnt, solltet ihr einen solchen Friedensrichter wählen, der euch im Streitfall hilft.

Regeln:

Du hast deinen Nachbarn geärgert und musst vier Felder zurückgehen.

Du hast einem Freund geholfen und darfst zwei Felder nach vorn rücken.

2 Nenne eine Regel, um Streit zu vermeiden.

6 Nenne ein anderes Wort für Frieden.

10 Du hast drei Bonbons für vier Kinder. Was machst du?

14 Wer oder was ist ein Streithahn? Denk dir dazu eine Pantomime aus.

18 Jemand will dich verhauen. Was machst du? Finde eine friedliche Lösung.

22 Nenne das gegenteilige Wort zu dem Wort Wut.

26 Male mit wenigen Strichen eine Friedenstaube.

30 Was stellst du dir unter einem Friedensgebet vor?

34 Erzähle eine Geschichte zu dem „Recht auf einen eigenen Namen".

38 Du bist kurz vor dem Ziel: Nenne drei Rechte der Kinder.

8. Anhang

Rätselauflösungen

1. *Auflösung des Rätsels auf Seite 24*
   Die Zähne sind gemeint.

2. *Rätsel auf Seite 58*
   Die Wörter bezeichnen Zeitabschnitte, die einen Anfang und ein Ende haben.

3. *Auflösung von „Janickas Erbstück" auf Seite 69*
   Leierkastenuhr
   Abend
   Nachtgedanken
   Gelegenheit
   Eiszeit
   Weihnachten
   Ende
   Immer
   Lebzeiten
   Ende

4. *Auflösung des Rätsels auf Seite 74*
   Vergangenheit und Zukunft sind gemeint.

Literaturangaben

Seite 8	Alain Finkielkraut: Die Weisheit der Liebe, München/Wien 1987, S. 31f.
Seite 9	Frei nach einem Spielvorschlag von Klaus W. Vopel: Interaktionsspiele, Teil 2, Hamburg 1978, S. 87
Seite 16	Du bist du, und ich bin ich. Aus: Wir gehören zusammen, Evangelische Verlagsanstalt, Berlin 1985
Seite 21	Christine Nöstlinger: Krankengeschichten vom Franz, Verlag Friedrich Oetinger, Hamburg 1990
Seite 22	Irmela Brender, Wir. Aus: Jutta Modler (Hg.): Brücken bauen, Herder Verlag, Wien/Freiburg/Basel 1987, S. 52
Seite 24	Dieses Rätsel stammt aus: Laß mich raten! Altberliner Verlag, Berlin 1984
Seite 30	Jutta Modler (Hg.): Frieden fängt zu Hause an, Herder Verlag, Wien/Freiburg/Basel 1985, S. 38
Seite 31	Ulf Stark: Kannst du pfeifen, Johanna, Carlsen Verlag, Hamburg 1993
Seite 32	Astrid Lindgren: Erzählungen, Verlag Friedrich Oetinger, Hamburg 1990
Seite 44	Barbara Brüning/Ute Rossow: Der Tag ist eine Honigblüte, Verlag für Kinder und Eltern, Hamburg 1986, S. 12
Seite 45	Klaus W. Vopel: Interaktionsspiele, a. a. O., S. 62f.
Seite 48	Friedrun Reichenstetter: Nele macht Hausaufgaben, Annette Belz Verlag, Wien/München 1993
Seite 50	Karlhans Frank: Du und ich. Aus: Jutta Modler (Hg.): Brücken bauen, Herder Verlag, Wien/Freiburg/Basel 1987
Seite 51	Irina Korschunow: Kinder unterm Regenbogen, Saatkornverlag, Hamburg o. J.
Seite 54	Udo Kelch: Bayram – ein Fest der Freude zum Ende von Ramadan. Aus: D. Steinwedel/S. Ruprecht (Hg.): Vorlesebuch Religion, Bd. 2, E. Kaufmann, Lahr 1987 (gekürzt)
Seite 57	Dieter Mucke: Die Lichtmühle, Der Kinderbuchverlag, Berlin 1985
Seite 62/63	Dietrich Steinwede (Hg.): Wie das Leben durch die Welt wanderte, Märchen der Menschen von Tod und Leben, Gütersloh 1992
Seite 66	Der Papalagi. Die Reden des Südsee-Häuptlings Tuiavii aus Tuiavea, Zürich 1979
Seite 70	Jean Paul: Bemerkungen über einen närrischen Menschen, Weimar 1979
Seite 71	Barbara Brüning/Ute Rossow: Der Tag ist eine Honigblüte, a. a. O., S. 28
Seite 72/73	Jewgeni Schwarz: Märchen von der verlorenen Zeit, Altberliner Verlag 1988
Seite 74	Deutsche Epigramme aus vier Jahrhunderten, Leipzig 1985
Seite 76/77	Helmut Schreier: Himmel, Erde und ich, Agentur Dieck, Heinsberg 1993
Seite 80	Fingerspiele und Rätsel, Verlag Volk und Wissen, Berlin 1983, S. 122
Seite 82	Helmut Schreier: Himmel, Erde und ich, a. a. O., S. 146f.
Seite 85	Edgar Wüpper: Leselöwen – Umweltgeschichten: Am Wasser, Loewe Verlag, Bindlach 1993, S. 9
Seite 94/95	Jurek Becker: Jakob der Lügner, Frankfurt 1987, S. 30 bis 32
Seite 97	Die Bibel, Deutsche Bibelgesellschaft, Stuttgart 1982, NT, S. 8f.
Seite 100	Kay Castelle: Zum Wohle des Kindes, Ein Leitfaden zu der U.N. Konvention über die Rechte des Kindes, Hamburg 1989
Seite 102	Zlata Filipovic: Ich bin ein Mädchen aus Sarajevo, Lübbe Verlag, Bergisch-Gladbach 1994, S. 64/65
Seite 105	Wir bringen Frieden. Aus: UNICEF - Buch der Kinderlieder, Arena Verlag, Würzburg

Bildnachweis

Archiv der Autorin: Seiten 6, 26, 83 (4), 98, 104
Archiv für Kunst und Geschichte, Berlin: Seite 99
Archiv des Verlages: Seiten 18, 19, 65, 75, 91
Benedict Taschen Verlag, Köln: Seite 42
Corell, Brigitte, München: Seiten 46 (2), 51
dpa, Frankfurt a. M.: Seiten 103, 106
Evangelische Verlagsanstalt, Berlin: Seite 31
Günter Heil, Berlin: Seiten 11, 53 (1)
Heinz, Volkmar, Leipzig: Seite 88
Helga Lade, Berlin: Seiten 12 (1), 20 (1), 27, 28 (1), 39 (1), 40 (1), 47 (1), 50 (1), 52 (1), 61, 88, 90
kreby a grafika, Prag: Seite 96
Mauritius, Berlin: Seiten 10 (1), 12 (3), 20 (1), 22, 28 (1), 30, 35, 39 (2), 40 (1), 46 (2), 50 (1), 52 (1), 88 (1)
Patmos Verlag, Düsseldorf: Seiten 92, 97
Picture Press, Hamburg: Seite 53 (1)
Scharnberg, Manfred, Greenpeace, Umweltschutzverlag GmbH, Hamburg: Seite 82
Telekom-Malwettbewerb: Seite 78
Verlag „Das Beste" GmbH, Stuttgart/Zürich/Wien: Seiten 59, 68, 70, 86
ZEFA, Leipzig: Seiten 20 (1), 39 (1), 40 (1), 46 (1), 47 (1), 52 (1), 55

Geschrieben hat dieses Buch für euch Frau Dr. Barbara Brüning aus Hamburg. Als Lektor betreute Siegfried Kätzel die Autorin bei ihrer Arbeit. Die Gestaltung und die Zeichnungen schließlich besorgte Dietmar Senf. Herausgegeben wurde das Buch im Militzke Verlag Leipzig, wo es auch gesetzt wurde. Die Bildreproduktionen fertigte Steidl, Göttingen, an, ebenso den Druck und die buchbinderische Verarbeitung.

ISBN 3-86189-086-0

Militzke Verlag · http://www.militzke.de

Die letzte Jahreszahl bezeichnet das Erscheinungsjahr dieser Auflage:
2007 2006 2005 2004